＼ これならわかる ／

ライティング

授業の実況中継

語学春秋社

は じ め に

　皆さん，こんにちは！ 本書は大学受験や英語資格試験に向けて学ぶ人たちのための本です。この本では，100 語，150 語，200 語のさまざまなタイプのライティング問題に対応する力を錬成（れんせい）することを目指します。

　「ライティング問題」とひとくちに言っても，多くの人がイメージする「意見論述」問題のみではなく，「体験・経験」を述べる問題，「イラスト・図表」に関する問題，「手紙・メール」に関する問題，はたまた「英文要約」を求める問題など，さまざまな出題形式があります。これらはすべて，英語を「書く」ことに関する問題であり，**どの出題形式もそれぞれに，皆さんのライティングの力を鍛（きた）えることにつながっている**のです。

　本書ではこれらの問題を幅広く扱っていますので，最初から最後までやり抜くことが大切なのだと思ってください。第 10 講までを読み終えたとき，皆さんのライティングに対する意識は大きく変わっているはずです。

　したがって，まずは，**はじめから順に進めていく**ことをお勧めします。もちろん，直前の対策として必要な部分を確認するかたちで使うこともできますが，まずは順番に進めていってください。

　授業は次の 3 つの STEP で構成されています。

STEP 1　英文法問題

　ライティングの勉強をはじめた学習者の多くが，自分の答案を先生のところに持っていくと，「うーん，まずは文法をやり直したほうがいいね」と言われて，答案を"差し戻し"されてしまいます。

　そこで本授業では，ライティング強化に必須の基礎的文法問題を最初に置き，しっかりと土台を形成することで，この"悲しみの答案返却"を少しでも減らすことを目指しています。

　問題を解き終わったら，解説を読み，マーカーなどで印を付けながら，基本的な文法知識を習得してください。文法学習が十分できているという人も復習用に使ってくれるといいと思います。

STEP 2　語句整序問題

　語句整序問題は,「くっつきそうなものをくっつけてそれっぽく並べる問題」
ではなく,「**語句がヒントとして与えられている英作文問題**」です。STEP 1 で
学んだ文法知識を使って,**英文を書く意識**で,このパートに取り組んでください。
自由英作文への効果的な "助走" になるはずです。

　なお,この STEP の 3 つの英文は,組み合わせると 50 語～ 60 語程度の文章
になるようになっています（第 4 講を除く）。入試などで「60 語程度」の文章を
書くことが求められる場合には,まずこれらの文を中心に学習を進めるのもよい
でしょう。

STEP 3　自由英作文問題

　各講のテーマとして掲げている,さまざまなタイプの**自由英作文問題**に挑戦し
ます。**第 1 問目は基本問題**として 100 語程度で書く問題を扱います。**第 2 問
目はやや発展的な問題**として,150 語や 200 語といった少し多めの語数での
解答作成を求めています。その際,「**100 語の文章に "なに" を足せばいいのか**」
というポイントに適宜触れ,戦略的かつ計画的に長い文章を書くための道筋を示
してありますから,安心して取り組んでください。

　各問題には,**構成案と解答例**を付けてあります。解答例はノートに書き写すな
どして,「書けること」をどんどん増やしていってください。そして,解答例
を "眺める" のではなく,"自分のものにする" ことが重要です。

　ゼロから答案を書くのが難しいと思う場合には,**構成案の日本語を「和文英訳」**
して答案を作成したり,**解説を先に読んでから取り組んだ**りしても構いません。

　とはいえ,ここまでの STEP をこなしていれば,挑戦する資格は十分にあり
ます。**書くこと**を恐れず,取り組んでみてください。

　以上の 3 つの STEP を通して,皆さんのライティングスキルはグッと高まる
ことでしょう。受験・受検を "ギャンブル" にしない,「**合格の可能性**」を一歩
一歩積み上げていくことが真の「**対策**」です。本書でみなさんが**万全のライティ
ング対策**をしてくれることを願っています。

守屋　佑真

◆ 授業の内容 ◆

（　）の中は各回で扱う文法テーマです。

第1講 意見論述問題①〈賛否型〉

文型・受動態

　では，ライティングの学習を進めていくことにしましょう。第1講では，正確な英文を書くために不可欠な文法事項の確認をしたあとで，自由英作文をする際に絶対に押さえておきたい【抽象と具体】について学んでいくよ。

　その上で，「語数の増やし方」の基本となる考え方もレクチャーするからね。いやはや盛りだくさんだね。でも，何事も最初が肝心（かんじん）！

ライティング STEP 1　英文法問題

　では，まず文法問題に取り組むことで，文法の基礎知識の確認だ。今回は「品詞と文型」，そして「受動態」を扱うよ。

　次の1〜3の英文の文型を答え，同じ文型の文を下の①〜⑤の中から選びなさい。

1. The children chose their mother a nice gift.
2. The woman went blind at the age of forty-one.
3. The man named his first child Soshiro.

① The product sells best in winter.
② The traffic situation in the city looks quite hopeless.
③ Many tourists from foreign countries visit Tokyo.
④ A student asked me a very difficult question about English.
⑤ We consider the decision unfair.

---

1. 第4文型, ④（一人の生徒が私に英語に関するとても難しい質問をした）

　　今回は「品詞と文型」の分野に関する問題を扱うよ。英語には大まかに5つの「文のかたち（言葉の並び順）」がある。いわば文を作るためのパターンがあるということだ。

　　この"パターン"を文型と呼び, この基本的な文型が全部で5つあるので,「5文型」と呼ぶわけだ。

　　原則として, この5パターンのどれかを使わないと"何を言っているのかわからない文"ができあがってしまう。その意味で**英語は,「語順が重要な言語」**だと言える。

　　上位レベルの生徒でも, この「品詞と文型」がよくわかっていないことは多いので, ここで一度確認しておこう。

　　「基本＝簡単」ではないよ。「基本＝重要」だからね。

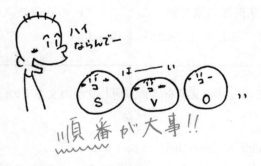

　　さて, 1の文は, 次のように第4文型のかたちになっている。

The children	*chose*	their mother	a nice gift
名	動	名	名
S	V	O_1	O_2

　　第4文型の基本の意味は【SがO_1にO_2をVする】だ。だから「子どもたちは母親に素敵な贈り物を選んだ」という意味になるね。

「名詞（人やものの呼び名）」がS（主語：文の主役）としてもO（目的語：
動作の及ぶ対象）としても働いていることを確認しよう。

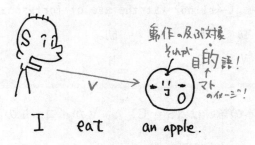

名詞は，S（主語），O（目的語），C（補語，Cの働きについてはあとで説明
するよ）のどれかとして文の中で働くという点は押さえておこう。基本的に，
名詞は「文の主要素（S／V／O／Cといった文型を構成する"部品"）」に
必ずなる，と意識しておくといい。

名詞は働き者なんだ。

選択肢④の構造も確認しておこう。

A student	asked	me	a very difficult question about English
名	動	名	名
S	V	O_1	O_2

「一人の生徒が私に英語に関するとても難しい質問をした」という，解答
の日本語訳になることがわかるはずだ。

「studentは"生徒"という意味だから名詞だな」というような判断のし
かたではなく，「aという冠詞が付いているから名詞だな」のように，使われ
方や一緒に使われている言葉などから品詞の判断ができることが重要だよ。

2. 第2文型，②（その都市の交通事情はかなり絶望的なようだ）

文型は第2文型だ。まずは2の英文の構造を確認してみよう。

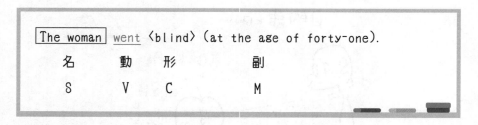

第2文型の基本の意味は【S＝C】だ。V がイコールの働きをしているのがポイントだ。

そのため，今回の文だと「その女性は41歳で失明した」という意味になる。形容詞が C（補語：名詞を説明する［名詞とイコール関係になる］言葉）の働きをしているね。

形容詞には，❶「名詞とセットになって（名詞の一部になって）名詞を限定する」働き方と，❷「単独で（名詞に組み込まれずに）使われて S や O の補足説明を加える」働き方があるのだけれど，この❷のとき，形容詞は C（補語）の働きをしているということになるんだ。

　ちょっと混乱してしまう，という場合には，「形容詞が名詞に組み込まれずに使われていたらC（補語）」なのだとまずは覚えておこう。

　では選択肢②の文の構造も確認しておこう。

```
The traffic situation in the city  looks  〈quite hopeless〉.
          名                        動     形（副＋形）
          S                         V        C
```

　できたかな。品詞の見極めと働きの理解，文型の語順と大まかな意味の理解，これらができると英語の理解はググググッと深まるんだ。少しずつ理解していこう。

3.　第5文型，⑤（私たちはその決定を不公平だと考えている）

　選択肢⑤の文を「私たちはその不公平な決定を考えている」のように訳してしまわなかったかな。

　"なんとなく目に入った単語をつないで意味をとる"なんていう読み方をしてしまうと，リーディングでもライティングでもうまくいかなくなってしまう。文型を把握して，正確に意味をつかんでいこう。

　まずは3の文から確認だ。文型はなんだろう。SVOCが並んでいるね。

```
The man  named  his first child  Soshiro.
  名      動          名            名
  S       V           O            C
```

　これは第5文型と呼ばれるかたちだ。

第5文型は【Sが〔O＝C〕になるようにVする / Sが〔O＝C〕であるとVする】を基本の意味として押さえておこう。ここまでの問題演習でCになることができるのは「名詞と形容詞」だと学習済みだね。

　また，Cだと言えるためには「名詞を説明する［名詞とイコール関係になる］」ことが必要だった。

　その意識をもって見てみると，Soshiroという固有名詞がhis first childという名詞とイコール関係になっていることがわかるはずだ。

　するとこの文が，「その男は長男をソウシロウと名付けた」だと理解することができるね。

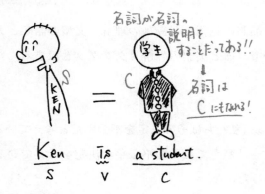

では選択肢⑤の構造も確認しよう。

We	consider	the decision	〈unfair〉.
名	動	名	形
S	V	O	C

　unfairは，ここでは【単独で使われている形容詞】だからCだ。

　こういう理由で，この文は解答に示された意味になるわけだ。「なんとなく意味がわかるから文型の判断ができる」のではなく「意味を正しく理解するためにまず文型の把握をする」のだということを忘れないでおこう。

　ここまでで，「品詞と文型」の基本はだいぶ理解できたんじゃないかな。せっかくだから，正解にならなかった残りの2つの文も文型を確認しておこう。

　まずは選択肢①から。

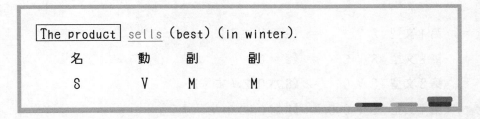

　この文は「第1文型」だね。第1文型の基本の意味は【SがVする】だ。だからこの文の意味は「その製品は冬に一番よく売れる」となる。

　sell が「売る」ではなく「売れる」の意味になることを意識しよう。文型や文の中の使われ方で単語の意味は変わるものだ。くれぐれも「sell＝売る」というような単純な覚え方をしないように。

　なお，M は modifier の頭文字で，「修飾語句」を表す記号だ。「何かを詳しくする言葉」だと覚えておいてもいいよ。

　次は選択肢③だ。文構造を確認しよう。

```
Many tourists from foreign countries  visit  Tokyo.
            名                          動     名
            S                           V      O
```

　SVO という構造になっているので「第3文型」ということになる。第3文型の基本の意味は【SがOをVする】だ。そのため今回の文は，「海外からの多くの観光客が東京を訪れます」というくらいの意味になる。

品詞と文型に関する理解は今後の学習の土台となる重要なものだ。ここまで見てきた**各文型とその基本の意味**をまとめておくから，確認しておいてほしい。

　文型を無視して英文書いたらダメ，絶対。

　第1文型：S V　　　⇒【S が V する】

　第2文型：S V C　　⇒【S ＝ C】

　第3文型：S V O　　⇒【S が O を V する】

　第4文型：S V O₁ O₂ ⇒【S が O₁ に O₂ を V する】

　第5文型：S V O C ⇒【S が〔O ＝ C〕になるように（であると）

　　　　　　　　　　　　V する】

　さて，ここからさらに「受動態」についても学んでいくよ。受動態は中学英語でも「受け身」という名前で登場するものだね。

　みんなはそこで，

---

be 動詞＋過去分詞＋ by ～

という「かたち」を教わったはずだ。「受動態がわからない」という場合に，そもそもこの"かたち"を覚えていないということであれば，それはもう覚えてね，というだけになる。

　え？　ダメだよ。「覚えること」が不要な学習なんてないからね。

　ただ，この「かたち」を覚えているにも関わらず，受動態が実はよくわかっていないという人は多い。

　その原因は何なのか。それはこうしてみるとよくわかる。

8

？	be 動詞＋過去分詞＋ by 〜
S	V

　そう，〈be 動詞＋過去分詞＋ by 〜〉というかたちは，「V（動詞）」に関するルールだったんだね。

　でも，英文は S（主語）からはじまるんだ。では何が S になるのかな？　もうわかったね。「受動態」がわからなくなってしまう原因は，**V のかたちを覚えたことに安心して，その前に置くべき S について深く考えないこと**にあるんだ。

　では，受動態では何を S にするのだろう。ズバリ，答えは「O（目的語）」だ。目的語とは「動作の及ぶ対象」だったね。

　これを S にすると……

　こんなふうに矢印が"逆向き"になる。これが「受動態」だ。受動態とは，能動態（いわゆる"ふつう"の文）の「O を S にする」ものなのだと理解してしまおう。

そうすると，O（目的語）がある文は受動態に書き換えることができるということになる。

さっき学んだ「文型」でいえば，

第3文型：S V O　⇒【SがOをVする】
第4文型：S V O₁ O₂ ⇒【SがO₁にO₂をVする】
第5文型：S V O C ⇒【Sが〔O＝C〕になるように（であると）Vする】

の3つがそれにあたる。

例えば，今回出てきた文を受動態にすると，

1. The children chose their mother a nice gift.
   ⇒ A nice gift <u>was chosen</u> for their mother by the children.

2. The man named his first child Soshiro.
   ⇒ The(His) first child <u>was named</u> Soshiro by the man.

3. Many tourists from foreign countries visit Tokyo.
   ⇒ Tokyo <u>is visited</u> by many tourists from foreign countries.

4. A student asked me a very difficult question about English.
   ⇒ A very difficult question about English <u>was asked</u> to
      me by a student.

5. We consider the decision unfair.
   ⇒ The decision <u>is considered</u> unfair by us.

となる。もちろん，「OをSに…」のほかにも，「第4文型の際に，O₁の名詞に前置詞を付ける際にはtoかforか」というような，やや"細かい"ルールは確かに存在する（「to：その動作の完結にO₁が必要である場合に使う」と「for：その動作の完結にO₁は不要である場合に使う」という違いで覚えてしまうといい）。

　ただ，こうして見てくると，能動態と受動態の違いは，要するに，何をSにするか，つまり「何を【文の主役】にするか」ということに関わるものだということがわかってきたのではないかな。

　そんなわけで，能動態で書くか受動態で書くかの判断には，このS（行為者）に対する視点が欠かせないんだ。ライティングをする際には，基本的に「"行為者"が明確な場合には能動態で書き，"行為者"が不明確だったり，曖昧にしたかったりする場合に受動態で書く」という「受動態の使いドコロ」に関する暗黙のルールが存在することは，ここで指摘しておきたい。

　英語のネイティブスピーカーと一緒に自由英作文の添削をしていると，

　　「どうして日本人は，行為者が明らかなのに受動態を使うんだ！？　行
　　為者が明らかなんだから能動態で書けばいいのに！」

と嘆いていることがある。英語では，**行為者が明確な場合には能動態で書くほうが自然**なんだね。

　また受動態で英文を書く場合でも，"by 〜"を付けるのは，「by以下の情報を際立たせたいとき，特に示したいとき」だと思っておくといい。

　このあたりは突き詰めていくとかなり繊細なところなのだけれど，まとめると，概ね，

- 日本語で考えた場合に "れる・られる" が付いていても，行為者が明確な場合には能動態で書く
- 「一般論」や「一般的に述べられている・考えられていること」など，行為者が明確とは言えない場合には，受動態で書ける可能性が高い
- by を付けるときは「意図を持って」付ける

という意識は持っておくとよいのではないかと思う。

　最後にもう1つ。「O（目的語）がある文は受動態に書き換えることができる」というのが受動態の基本なので，「他動詞（目的語を置くことができる動詞）」で受動態を作るというのが "通常" だ。

　だから，

An old man suddenly *spoke* to Pato.
　S　　　　M　　V　　M
老人が突然パトに話しかけてきた。

という目的語のない文，つまり「自動詞（目的語を置くことができない動詞）を用いた文は受動態にはできそうもないよね。

　でも，こういった場合に，

An old man suddenly [spoke to] Pato.
　S　　　　M　　　V　　　O

というように，"speak to" を 1 つの動詞であるかのように考えることで
後ろの Pato を「O」と捉え，

```
Pato was suddenly spoken to by an old man.
パトは突然老人に話しかけられた。
```

という受動態の文に書き換えることができる。

　基本を理解した今だからこそ，この点も押さえておいてほしい。

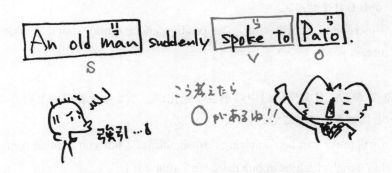

　以上，「品詞と文型」と「受動態」，かなり量が多くて大変だったと思う
けれど，「S（主語）を何にするか」ということや「どんなセンテンスで表
現するか」ということは，これから常に考えていかなくてはならないことだ。

　自由英作文がなんらかの一貫したテーマをもった連続した英文の集まり
である以上，**"主語をどうするか" は常に考えなくてはならないし**，その内
容を正確に伝えるには**品詞や文型の理解が欠かせない**。

　これからも繰り返し登場するので，過度に不安にならなくても大丈夫。
でも，まずはここで一度ガツンと頭に入れておいてほしい。

　では，次の STEP で，語句整序問題にチャレンジしてみよう。

日本語をヒントに与えられた語句を並べかえなさい。ただし，文頭にくる語も小文字にしてある。

(1) 学校でゴミを減らす方法を話し合うことは重要です。

(is / to discuss / it / waste in school / ways / to reduce / important).

(2) 行動することによる好影響は，最初は信じられないように思えるかもしれません。

(incredible at first / of / the positive effect / may sound / taking action).

(3) しかし，日常生活の中の小さな変化が，とても意義深いということに驚きを感じるでしょう。

(will find / can be / amazing / so significant / but you / the impact / of / small changes in our daily life / that / it).

(1) It is important to discuss ways to reduce waste in school.

まずは日本語を確認し，どの文型で書けそうかを考えてみよう。

学校でゴミを減らす方法を話し合うこと	＝〈重要〉
S	V　C

第2文型で書けそうだ。また「学校でゴミを減らす方法を話し合う(こと)」という部分には，下線部に【O を V する】という構造が含まれている。

つまり，第3文型の語順が，この部分に登場しているということだ。

```
┌─────────────────────────────────────────────────┐
│ To discuss ways to reduce waste in school  is 〈important〉.│
│            （V－Oの関係）                          │
└─────────────────────────────────────────────────┘
```

　ways という名詞を to reduce 以下の部分が修飾していることも確認しておこう。

　これで完成！ といきたいところだけれど，代名詞 it も使わなくてはいけないので……そう，仮主語 it と真主語の "to discuss ways to reduce waste in school" を，文の中に組み込む必要があるわけだ。
　よって解答の並び順になる。こんなふうに日本語を分析的に考えられるようになってほしい。
　そうして，「並べる」のではなく「語句のサポートを得て作文する」意識で取り組むことが，ライティングにつながる語句整序問題の取り組み方なんだ。

(2) The positive effect of taking action may sound incredible at first.
　さぁ，この問題も日本語を分析的に考え，これを表現できる文型をイメージするところからスタートしよう。今回の日本語を構造的に捉えてみよう。

```
┌─────────────────────────────────────────────────┐
│ 行動することによる好影響 ＝（最初は）〈信じられない〉│
│        S           V          C          │
│                    ↑                      │
│           思えるかもしれない                 │
└─────────────────────────────────────────────────┘
```

15

そう，これも第2文型で書ける文なんだ。ただ，注目してもらいたいのは，**イコールとして働くVがbe動詞以外である**という点だ。be動詞の示すイコール関係よりもやや弱い関係であるような場合には，lookやseem，soundといった動詞を使えるということは覚えておこう。

　これらの言葉を「イコールのバリエーション」だと考えられると，グッと使いやすくなるよ。あとはこの語順のとおりに並べればOKだ。

(3) But you will find it amazing that the impact of small changes in our daily life can be so significant.

　この日本語を分析的に考えるとどうなるだろう。確認してみよう。

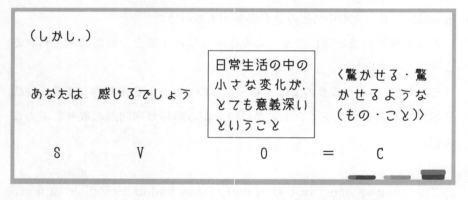

　ちょっと細かかったね（笑）。でも，これは第5文型で書くことができる文なんだ。加えて，今回の長めのOも，内部の構造は次のようになっていて，第2文型で書けることもチェックだ。

　この構造に基づいて，そのまま語句を並べかえて英文にしたいところだ

けれど……そう，ここにも，代名詞 it があるんだね。

　英語は，長い情報を英文の後ろに置きたがる傾向がある。今回も it をまずは O の位置に，その上で文の終わりに that 節を置いて，it の内容を示すことになる。これを「仮目的語（ここでは it）」と「真目的語（ここでは that 節）」と呼んだりする。

　さて，ここまで文型の学習を進めてきたけれど，文型の違いを作るのは**動詞**だということが，なんとなくわかったのではないかと思う。

　動詞の使い方，特に「自動詞（動詞の直後に名詞を置かない動詞）」や「他動詞（動詞の直後に名詞を置く動詞）」の学習は，英作文をする上でとても重要になるんだ。

　え？　大変だって？　そうだね，では，**動詞の学習をする上で意識しておいてほしいこと**を 2 つ教えておくよ。

【1】第 4 文型と第 5 文型を作れる動詞を押さえよう。

　英検 2 級の読解問題などを確認してみると，大部分の文が第 1 〜 3 文型で書かれていることに気づくはずだ。

　実は，**第 4 文型や第 5 文型を作ることができる動詞は，それほど数が多くない。**何から始めていいかわからない…という場合には，まずは「この動詞は 4 文型や 5 文型がとれるかな…」という確認から始めると取りかかりやすいよ。

【2】第1文型か第3文型かを，"日本語とのズレ"を意識しながら押さえ
　　よう。

　自動詞と他動詞を判断するための一つの方法に，「"何を？"と聞けたら
他動詞」というものがある。「食べる」といったら「何を？」と聞けるので，
eat は他動詞，というような考え方だ。

　この方法は"ある程度"は有効だけれど，「その方法でうまくいかない動詞」
こそが覚えるべき動詞なのだと意識してほしい。

　例えば，wait「待つ」は自動詞だろうか他動詞だろうか。「～を待つ」と
言えそうだけれど，これは自動詞だ。**"I was waiting for him."** のように
使うね。

　では「私たちは，その話題について話し合った」という場合の discuss は
自動詞だろうか他動詞だろうか。「～について」と書かれていると about を
入れたくなりがちだけれど，これは他動詞なんだね。**"We discussed the
topic."** のように使う。

　こうして「へぇ，日本語とズレるんだな…ふむふむ」という意識で取り
組めるとポイントを押さえやすいよ。

　重要なことは，英語を「単語を日本語と結びつけて適当に済ます」ので
はなく，「使う意識をもって例文を大切にして学ぶ」ことだ。

　書くために，使うことを意識して，学ぼう。

　第2講以降も，STEP 2 の語句整序問題では，組み合わせると 50 語～ 60
語程度の文章になるように問題を設定してあるよ。単なる並べ替えではな
く，**与えられた語句をヒントに英作文する感覚**をつかんでいってね。

ライティング STEP 3　　自由英作文問題

さあ，ここからはいよいよ自由英作文のパートだ。

次のテーマで文章を書いてみよう。しっかりと構成をしてから書いてみてね。え？　自信がないって？　そんなの当たり前だよ。これから「できるようになる」のだからね。完ペキにできる必要はないから，まずは自力で書いてみよう。この“一歩”が大切なんだ。じゃあ，制限時間は【20分】，よーい，スタート！

問題 1

Some people say that too much electricity is used in the world today. Do you agree with this opinion? Write in about 100 words.

〈英検2級（改題）〉

さぁ，できたかな。「“今日の世界では電気を使いすぎている”という意見に対する賛否」を聞いているね。

このような「agree / disagree 形式」（賛否型）の出題は，大学入試だけではなく，英検などでも多く出題されるよ。

では，どのような「構成」で解答したらよいか，まずは**日本語でアウトラインを確認してみよう**。その上でポイントを押さえていくよ。

【解答】の構成

1 **主張**：私は，今の世界では電気を使いすぎているということに賛成だ。

2 **理由①**：まず，人々は快適に過ごすために，大きな機械をたくさん使うため，電気をたくさん使う。

3 **具体化① -1**：例えば，最近の日本の夏は非常に暑い。

> 4 具体化① -2：このような気候では，エアコンが欠かせない。
>
> 5 理由②：もう一つの理由は，現代人が電気を使うものをたくさん買っ
> ていることだ。
>
> 6 具体化② -1：例えば，毎年新しいパソコンやスマートフォンが発
> 売され，ますます多くの人が持っている。
>
> 7 具体化② -2：人々はこれらのものを常に使っており，このことは
> 電気をたくさん使っているということを意味する。

まず，1 「電気を使いすぎているという意見に賛成」という主張を述べ，
1つ目の理由として 2 「快適に過ごすために大型の機械を使うことが電力
消費を押し上げている」という点に触れている。

I agree that too much electricity is used in the world today. First,
people today use a lot of electricity because they use a lot of big
machines in order to stay comfortable.

その内容を，3 ・ 4 「日本の夏の暑さ」に言及し「こうした中で快適に
過ごすためにはエアコンが必要」と具体化している。

For example, recently it has been extremely hot in summer in Japan.
We cannot do without air conditioners in this kind of climate.

次に2つ目の理由として，5 「現代人が電気を消費するものを多く手に
入れている」という点に触れている。

Another reason is that people today buy a lot of things that use
electricity.

その上で具体例として，6 「毎年新しいパソコンやスマホが販売され，
それが売れている」ということを挙げ，これに 7 「人々はこれらを常に使

用しているため電気を大量に使っていると言える」**と述べて理由と主張を
つないでいる。

> For example, new computers and smartphones are released every
> year, and more and more people possess them. They use these
> things all the time, which means they use a lot of electricity.

　さあ，全体の展開はつかめたかな。では，次は論理展開の方法そのもの
にスポットライトを当ててみよう。

! 論理展開ポイント
POINT

　今回は，ライティングやリーディングなどさまざまな場面で重要となる，
【抽象と具体】の考え方について扱おう。

　「もっと具体的に書きなさい」とか，「具体例を入れなさい」とか言われ
ることは多いと思うけれど，実際のところ，何をどうすることが“具体化
する”ということなのか，わかるかな。

　端的に言うと，【抽象】とは，「よりたくさんの言葉がその言葉の“傘”
の下におさまるような表現」であるということ，【具体】とは，「より狭い，
限られた範囲の言葉が対象となる表現」であるということなんだ。

　例えば，次のような文はかなり【具体的】だよね。なんでかな？

　守屋先生は赤ワインが好き

　「守屋先生」という固有名詞が出
てきているから？　では，固有名詞
が出てくるとなぜ【具体的】だと
言えるのか，さらに見ていこう。

では, この文を【抽象的】にしてみることで, さらに理解を深めていくよ。ポイントは, 抽象的にするために,「その言葉が含まれるような言葉」にする, ということだ。

例えば「守屋先生」はどんな言葉に"含まれる"だろう……うん, できれば「オッサン」以外でお願いします(笑)。

また,「赤ワイン」はどんな言葉に"含まれる"だろうか。そう考えていくと……, 次のような書き方ができることに気づくはずだ。

| 中年男性 | は | ワイン | が好き |

∨

| 守屋先生 | は | 赤ワイン | が好き |

うん……, この書き方でもちゃんと傷ついてるから安心してください(笑)。

では, さらにさらに【抽象化】してみよう。「中年男性」とは「40歳から64歳」くらいまでを呼ぶらしい。だとすると, 例えば「40歳より若い男性」も,「64歳よりも年上の男性」も含まれるようにするにはどうしたらよいだろう。

そうだね, その「範囲指定」を取り去ってしまえばいいわけだ。「ワイン」も同様に, それが含まれる言葉に置きかえよう。

| 男性 | は | お酒 | が好き【抽象】|

∨

| 中年男性 | は | ワイン | が好き |

∨

| 守屋先生 | は | 赤ワイン | が好き【具体】|

【抽象と具体】というのは，極めてシンプルに言うと，次のように「対象となる範囲の広さ・狭さ」ということを意味しているのだと理解できたのではないかな。

```
 男   性  は  お  酒  が好き 【抽象】←より "広い"
            ∨
中年男性  は  ワイン  が好き
            ∨
守屋先生  は  赤ワイン  が好き 【具体】←より "狭い"
```

どうかな？「コユウメーシだから具体！」と丸暗記していた自分を卒業できただろうか。

つまり，固有名詞が【具体】になることが多いのは，それ以上に「狭く」なりにくいから，というわけなんだね。

ただ，こうした対象範囲の広さ・狭さは，あくまで相対的な，「ある特定の文を比・べ・た・中での話」だということは忘れないでほしい。つまり，上に挙げた3つの文の中では「守屋先生は赤ワインが好き」という文がいちばん【具体的】だけれど，**これよりさらに具体的な文を考えることは常に可能**だということだ。

例えば，次のように表現すると……

```
英語講師の   は  チリ産の   が好き  より【具体】←もっと "狭い"
守屋先生         赤ワイン
```

情報を加えることによって「範囲」が限定されていっていることがわかる。ちょうど条件を足しながらネットで検索している感じと同じだよ。だから

「固有名詞＝具体」というような極端な単純化はダメ，ゼッタイ。

　以上を理解してもらった上で，今回の
テーマにかかわる大切なポイントが，「英
文は【抽象と具体】を繰り返す」という
ことだ。

　論理性のある文章には，今見てきたよ
うな【抽象と具体】という発想がさまざ
まな場面で登場してくる。

　「抽象的に最初に述べて徐々に具体化していく」こともあるし，「具体的
に述べたあとで抽象的にまとめる」ということもあるんだ。

　論理構成を考える場合には，「"イイタイコト"を【抽象的】に述べ，そ
れをさまざまな方法で【具体的】にしていく」という意識を持つことが重
要だ。この意識がないと，「"for example"って書いてるくせに全然具体的
になってないじゃん！」みたいな文章になりかねないよ。

　今回の展開の一部を見てみよう。

抽象：人々は 快適に過ごすため に，大きな機械 をたくさん使うた
　　め，電気をたくさん使う。

具体①：例えば，最近の日本の夏は非常に暑い。（「快適に過ごす」
　　　ことが必要になる具体的状況）

具体②：このような気候では，エアコン が欠かせない。（「大きな機
　　　械」の具体化）

どうだろうか。抽象的に述べた理由を具体化できているね。また，こん

なふうに「1文で書いた理由に対して1文の具体化」ではなく，いくつかの文を使って具体化してもいいのだということも知っておいてほしい。

どうも「主張に1文，理由に1文，具体に1文」という変なルールを信じている人もいるので，念のため確認だよ。

こうして「ちゃんと構成をして英文を書く」のが自由英作文なんだ。**一つひとつの文に「役割」を与え，「つながり」をもたせて書いていくこと**が，よい文章を書くためには不可欠なんだね。

「書きながら何を書こうか考える」のではなく，書くべき方向性を定めて書くようにしよう。

では，今回の構成をもとにした英文をみてみるよ。

問題1【解答例】

　　I agree that too much electricity is used in the world today. First, people today use a lot of electricity because they use a lot of big machines in order to stay comfortable. For example, recently it has been extremely hot in summer in Japan. We cannot do without air conditioners in this kind of climate. Another reason is that people today buy a lot of things that use electricity. For example, new computers and smartphones are released every year, and more and more people possess them. They use these things all the time, which means they use a lot of electricity. (102 words)

〔日本語訳〕

　　私は，今の世界では電気を使いすぎているということに賛成です。まず，人々は快適に過ごすために，大きな機械をたくさん使うため，電気をたくさん使います。例えば，最近の日本の夏は非常に暑いです。このよう

な気候では，エアコンが欠かせません。もう一つの理由は，現代人が電気を使うものをたくさん買っていることです。例えば，毎年新しいパソコンやスマートフォンが発売され，ますます多くの人が持っています。人々はこれらのものを常に使っており，このことは電気をたくさん使っているということを意味するのです。

　できたかな？ 2つ目の理由の最後の1文（They use these things ...）が，「電気をたくさん使う（電気を使いすぎている）」という主張に，「パソコンやスマートフォンが毎年発売され，そういったものを所持する人の数が増えている」という理由がどうつながってくるのかを具体的に示す働きをしていることにも着目しておいてほしい。

　また講を改めて説明するけれど，こういう1文はとても大切だよ。

　なお，1文目，I agree that too much electricity is used in the world today. の〈agree + that 節〉を正しく使えているかどうかは，文法的な注意ポイントだ。agree「賛成する」の後ろに文を続けたい場合は，that 節の that を置くのだったね。後ろに名詞を続けるときの前置詞 with との使い分けに注意しよう。

　さて，ここからもうひと頑張りだ。**問題1**のテーマについて，今度は語数を少し増やして「**150語程度**」で書いてみよう。

　もちろん，さっき書いた解答は生かしてくれていいよ。では，どうぞ！

問題2

Some people say that too much electricity is used in the world today.
Do you agree with this opinion? Write in about 150 words.

できたかな？　では，まずは**解答例**を見てみよう。

問題 2【解答例】

　　I agree that too much electricity is used in the world today. First, people today use a lot of electricity because they use a lot of big machines in order to stay comfortable. For example, recently, it has been extremely hot in summer in Japan. We cannot do without air conditioners in this kind of climate. Second, people today buy a lot of things that use electricity. For instance, new computers and smartphones are released every year, and more and more people possess them. They use these things all the time, which means they use a lot of electricity. Third, people frequently forget to save electricity and waste it in their homes. For example, my elder brother Takeshi often leaves the lights on in his room when he goes out. Every time I see this, I tell him that he is wasting electricity, but he keeps forgetting about it. Things like this can lead us to use too much electricity. (160 words)

どうだろう。赤字になっている部分が，**問題 1** の**解答例**から変更・追加したところだ。まずは**構成を確認してみよう**。

> ### 【解答】の構成
> 1 **主張**：私は，今の世界では電気を使いすぎているということに賛成だ。
> 2 **理由①**：第 1 に，人々は快適に過ごすために，大きな機械をたくさん使うため，電気をたくさん使う。
> 3 **具体化①-1**：例えば，最近の日本の夏は非常に暑い。

> 4 **具体化①-2**：このような気候では，エアコンが欠かせない。
>
> 5 **理由②**：第2に，現代人が電気を使うものをたくさん買っている。
>
> 6 **具体化②-1**：例えば，毎年新しいパソコンやスマートフォンが発売され，ますます多くの人が持っている。
>
> 7 **具体化②-2**：人々はこれらのものを常に使っており，このことは電気をたくさん使っているということを意味する。
>
> 8 **理由③**：第3に，人々は家庭内で電気を節約することをよく忘れ，電気を無駄にしてしまう。
>
> 9 **具体化③-1**：私の兄のタケシは外出するときに電気を消し忘れる。
>
> 10 **具体化③-2**：こうした状況を見かけるたびに私は彼に電気を無駄にしていると伝えるが彼は繰り返し忘れている。
>
> 11 **具体化③-3**：こうしたことが，私たちが電気を使いすぎることにつながる。

　この解答は，**問題1の解答例から，「理由を増やした」だけ**なんだ。理由が3つになったので，各理由のはじまりを First … Second … Third … として読みやすく変えてもあるね。

　なーんだ，と思うかもしれないけれど，今回のポイントはここにある。

論理展開ポイント

語数を増やすメソッド①: 理由を増やす

　今回は，100語で書けるようになった人が，**150語で書けるようになるための1つ目の方法**として，【理由を増やす】というメソッドを取り上げようと思う。

　長い英文が書けるようになるためのさまざまなポイントを，これから少しずつ紹介していくからね。

では，みんなに質問。日本の高校生が書く英文は，平均すると１センテンスあたりどのくらいの語数かわかるかな？

　１センテンスは，概ね10〜15語が平均だと言われているんだよ。ということは，**語数が50語増えても，３〜４センテンス分増えるだけ**だということだ。

　そう考えて**問題２**の**解答例**やその構成を見てみると，４センテンス増えていることがわかるね。４センテンスで大体60語くらい増えたということになる。

　今回増やした理由の内容は極めて基本的なものだ。具体例として自分の経験を書いているね。自己の体験や経験は，当然ながらとても「狭い範囲」の内容なので，具体化できているといえるね。

▶ 理由を増やすときの注意点

　こうして理由を１つ増やしただけで，あっという間に150語を超える英文が書けてしまうんだ。

　ただ，**気をつけてもらいたいことが２つ。**

　１つは，この方法が使えるのは「理由がたくさん思いつくときだけ」だということだ。いや，そんなの当たり前……と思ったかな。でも，実にたくさんの人が，理由も思いついていないのに「理由が３つあります！」と高らかに宣言してしまい，３つ目の理由がうすっぺらのスッカスカ，内容が何もない，なんていうことになってしまっているんだ。

　だから「150語程度書かなくてはいけないから理由の数は３つ！」というような安直な考え方はしてはいけないよ。

　もう１つは，ちょっと違った角度から。こうして「語数」を「センテンスの数」で考えられるようになると，**100語だと６〜７センテンスくらい，**

150 語だと 10 〜 11 センテンスくらいで書ける ことがわかるはずだ。逆に言うと，「イイタイコトをそれだけのセンテンスの数で書かないといけない」ということだね。

だとすると，例えば 100 語の語数指定の問題で「理由を書いて具体例をしっかり書いて…」と考えると，理由の数を「3 つ」でなんて到底書ききれないことがわかるはずだ。

ここからも，「とりあえず理由は 3 つ」というような考え方が危ないことがわかるね。「語数と書ける内容を，センテンス数と相談しながら考える」ことはとても大切なんだ。覚えておいてね。

最後に解答例の全訳を掲載しておくので，ここまで学んだポイントを確認しながら読んでみてね。

解答例は，ノートに書き写したり音読したりして，どんどん「自分のもの」にしてこう。眺めているだけでは書けるようにはならないよ（笑）。「書かないと書けない」という当たり前のことを忘れないように。

問題 2【解答例】の日本語訳

　　私は，今の世界では電気を使いすぎているということに賛成です。第 1 に，人々は快適に過ごすために，大きな機械をたくさん使うため，電気をたくさん使います。例えば，最近の日本の夏は非常に暑いです。このような気候では，エアコンが欠かせません。第 2 に，現代人が電気を使うものをたくさん買っていることです。例えば，毎年新しいパソコンやスマートフォンが発売され，ますます多くの人が持っています。人々はこれらのものを常に使っており，このことは電気をたくさん使っているということを意味するのです。第 3 に，人々が節電を忘れ，家庭内で電気を浪費してしまうことです。例えば，私の兄のタケシは，外出時に部屋の電気をつけたままにしていることがよくあります。それを見るたび

に, 電気の無駄遣いだと言うのですが, 本人はついつい忘れてしまいます。このようなことが, 電気を使いすぎることにつながっているのです。

　今回は「5 文型」や品詞関連, そして「受動態」を文法項目としては扱いつつ, 自由英作文の学習をしていくうえで欠かせない【抽象と具体】についても学んだね。

　各 STEP でどのようなことがみんなを待ち受けているかもわかってくれたのではないかな。大丈夫, だんだん慣れていけばいい。ただし, 復習はしっかりと。

　次回以降は,「前回の授業を前提に」進んでいくからね。その意味では, 今日はとってもていねいでやさしかったのよ (笑)。

　次回以降も気合いを入れていこうね。

CHECK ✓ **重要語句チェック**

- □ electricity 名「電気」
- □ comfortable 形「快適な」
- □ recently 副「最近」
- □ air conditioner 名「エアコン」
- □ for example 句「例えば」
- □ possess 動「所有している」
- □ save 動「節約する」
- □ in order to *do* 句「…するために」
- □ stay 動「…な状態でいる」
- □ extremely 副「極度に」
- □ climate 名「気候」
- □ release 動「発売する」
- □ frequently 副「しばしば」
- □ waste 動「むだに使う」

体験・経験を書く問題①

時　制

　今回は,「体験・経験」を述べることが求められる問題を攻略していくよ。**事実を伝わりやすく書くためには何を意識したらいいのか**, ポイントをしっかり押さえよう！

^{ライティング}STEP1　四択英文法問題

　というわけで, 今回の文法ポイントは「時制」です。正解すればいい, というのではなく,「**この表現はどんなことを書く際に使うのか**」を意識して取り組んでね。

　次の各問題の空所に入れるのに最も適当な語句を, ①〜④のうちから１つ選びなさい。

(1) Our school (　　　　　) on the hill.

　① stand　　　　　　　　② is standing

　③ will standing　　　　　④ stands

(2) I (　　　　　) to the actor just once when I was a small child.

　① talked　　　　　　　　② have talked

　③ talk　　　　　　　　　④ was talking

(3) We hope it (　　　　　) raining by the time the game starts.

　① have stopped　　　　　② will have stopped

　③ has stopped　　　　　　④ had stopped

---

(1) ④ （私たちの学校は丘の上に立っている）

英語の「時制」は動詞が変化することによって表されるのだけれど，「何を表すときにどう変化させるか」というのはなかなか難しい。

だから，とりあえず日本語の文（和文）を手がかりに，適切なかたちを考えている人が多いんだけど，これがミスを生む原因なんだ。

例えばこの問題だったら，日本語だと「〜している」という意味になりそうだから，「"〜している＝現在進行形"⇒②が正解に違いない！」という発想で②を選んでしまったりする。

でも，もちろん正解は④なので，そういう人は途方に暮れてしまうわけだ。ライティングにおける時制の間違いは，「その英文が伝えている意味・内容」を伝わらなくさせてしまう間違いとなってしまうものが多い。

自由英作文は，「意味が伝わるか（読み手が理解できるか）」を重視する採点基準になっていることがけっこうあるので，これは避けたいんだ。

では，どうやって時制を攻略したらいいんだろう。時制攻略の基本は，次の3ステップだ。

1. その動作（動詞）は，その文を書いている（話している）時点から考えて，「いつのこと」か（"前のこと→【過去】"なのか"今のこと→【現在】"なのか"これからのこと→【未来】"なのか）を考える。

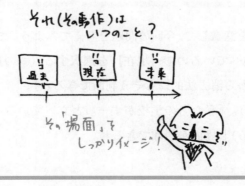

それ（その動作）はいつのこと？

過去　現在　未来

その「場面」をしっかりイメージ！

33

2. そのときの"様子"はどんな感じか,「場面」を想像したり「時間軸」をイメージしたりして考える。

3. 何か「特別な使い方のルール」に該当していないか考える。

　このステップを意識して,今回の問題を考えてみよう。まず1に関しては,**"今のこと"** を述べているので【現在】を選択する（③の選択肢が文法的に誤っていることから消去法的にもそう判断できるね）。

　2はどうだろう。「私たちの学校がずーっと立っている（これからも立ち続ける感じもする）」場面が想像できるね。

　これは時間軸で考えると，「現在も継続して先につながっていく」感覚で捉えられるはずだ。そのため「進行形」にしたほうがいいかな，と考えることになる。

　ところが，今回の stand は，「**状態を表す動詞（状態動詞）**」として使われているね。ここで**3**に関わる「**状態動詞は進行形にしないのがまずは基本**」というルールが登場することになる。その結果④が正解となるわけだ。

　え？　そんなの**3**だけ言えればいいって？　いやいや，こういった動詞の時制を検討する際の思考手順を明確にすることが，英文を書くためには欠かせないんだ。

　"理屈" がわかるから使いこなせるのだということを覚えておいてね。

　なお，状態動詞であるか動作動詞であるかどうかの判断をするには，動作動詞が「その動作を "中断・再開" できる動作」であるのに対して，状態動詞はそうではない，という点を意識しておけるといい。

　この問題の状況だと，「私たちの学校が立ってい…あ，今は座っていますね…あ，今また立ちました！」というようなことは考えられないね（笑）。

(2)　①　（私は子どものときにその俳優とたった一度だけ話したことがある）

　②を選んだ人は，日本語で「○○したことがある」という意味だろうな，と考えて，「"経験" を表しているっぽいから完了形かな」と思考したのではないかな？

　それこそがよくある時制の落とし穴だ。日本語の「文末のかたち」にとらわれて，しっかりと考えずに誤った時制のかたちを使ってしまう。

　そんな事態を避けるために，理屈を大切に，文法問題を解こう。

さぁ，前の問題で確認した時制攻略の3つのポイントを順に確認してい
こう。まず1の「いつのこと」かの確認だ。

　when 以下の部分を見ると「前のこと」であるとわかるね。つまり使うべ
きは【過去】について述べる表現だ。

　ということは，この段階で③，そして②も候補から消えることになる。
②のかたちは現在完了形だね。

　そもそも，完了形とは，「ある時からある瞬間まで」という時間軸で物事
を捉えようとするときに使わ
れる時制だ。だから現在完了
形なら「ある時から現在（話
している・書いている）この
瞬間まで」の時間軸で物事を
捉えているということになる。

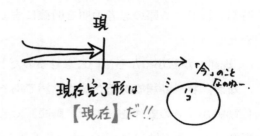

　つまり，現在完了形は「現在」のことを述べているということなんだ。
ということは，「子どものとき」という【過去】の出来事を述べる文で，②
はおかしいね。

　それもふまえつつ2を考えると，「子どものときに…話したことがある」
は完了形の時間軸とは異なるイメージであることがわかるはずだ。

　もう少し説明しておこうね。例えば，これが「私はこれまでにたった一
回しかその俳優と話したことがない」と言っているのだったら，そこでイ
メージできる時間軸は「生まれてから今（現在）この瞬間まで」で物事を
捉えているわけなので，現在完了形で表現できる内容だ。

　でも，今回は「子どもの頃その俳優と話したことがたった一度ある」と言っ
ているわけだ。そうだね，「子どもの頃」という過去に起きた出来事を振り
返っているだけなんだ。

　このような過去の一時点の出来事を表すには，単純な過去形を用いるこ
とになる。それゆえに，過去進行形の④でもなく，①が正解なんだ。理解

できたかな。

　どれだけ日本語がそれっぽくても，ちゃんと考えていくと正しい時制が見えてくる。なお，今回は3の「特別な使い方のルール」は特に登場しないよ。

過去一時点の未来事には単純な過去形!!

(3) ②（試合が始まるまでに雨が止むことを私たちは期待している）

　この問題はすんなり解けたかな？　時制攻略のステップ1～3までを確認してみよう。

　まず1について確認だ。今回の stop はいつ起きる動作なんだろうか。「期待」するのは「これからのこと」だね。

　つまり，stop が発生するのは「今より先のこと」なので，【未来】について述べる表現を用いることになる。加えて，2として「それまで降っていた雨が，試合が始まるその瞬間までに止む」というイメージを持ってくれれば，完了形が使われることがわかるはずだ。

　え？　by the time 以下の部分が現在形なんだから，この文全体も現在形だろうって？

　残念！　ここでは「"時・条件"を表す副詞節の中では未来のことであっても現在形で示す」という3の「特別な使い方のルール」が働いているんだ。そのルールに基づいて start は現在形のかたちをしてるだけで，本来は未来のことなんだね。

　それゆえに②が正解ということになる。【「いつのこと」か／「場面」はどんな状況か・どういった「時間軸」のイメージか／「特別なルール」があるか】，このあたりがスムーズに考えられるようになると，時制を使いこなせるようになってくるからね。

では，次に語句整序問題にチャレンジしてみよう。

STEP 2　　　　　　　語句整序問題

　　日本語をヒントに与えられた語句を並べかえなさい。ただし，文頭にくる語も小文字にしてある。

(1) 私は，何かを達成するためには人に頼ることが大切だと学びました。中学時代，バレーボール部のキャプテンをしていましたが，チームは試合に負け続けました。

(it is important / I was / to count on others / captain of the volleyball team, / I learned that / in order to accomplish something. / but our team / in junior high school, / kept losing a game).

(2) 私は，自分一人では試合に勝てず，チームメイトからの助けが必要だということを実感したのです。

(to help me / I couldn't / by myself / my teammates / I realized that / and needed / win games) .

(3) それを実現するために，私はチームとしての協力の仕方を改善することに取り組みました。

(we worked together / I worked on / as a team / to make this happen, / the way / improving).

(1) I learned that it is important to count on others in order to accomplish something. In junior high school, I was captain of the volleyball team, but our team kept losing a game.

ちょっと長かったけど，大事なポイントがたくさんある問題だ。

語句整序問題は，使う語句がヒントとして与えられている状態で英作文をしているという意識で取り組むのだったね。

だから「私は，何かを達成するためには人に頼ることが大切だと学びました」から順に，文型の意識を大切に英文にしていこう。

最初の文だから，復習もかねてステップごとに確認してみるよ。

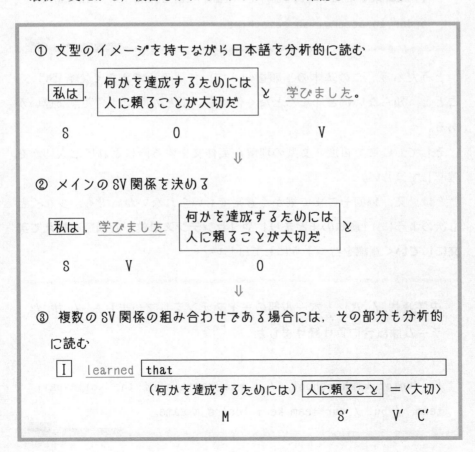

① 文型のイメージを持ちながら日本語を分析的に読む

| 私は， | 何かを達成するためには 人に頼ることが大切だ | と | 学びました。 |
| S | O | | V |

⇓

② メインの SV 関係を決める

| 私は， | 学びました | 何かを達成するためには 人に頼ることが大切だ | と |
| S | V | O | |

⇓

③ 複数の SV 関係の組み合わせである場合には，その部分も分析的に読む

I learned that
（何かを達成するためには）人に頼ること ＝〈大切〉
M S' V' C'

⇓

④ それぞれのパーツができあがったら組み上げる

| I | learned | that ★ |

★ | it | _is_ 〈important〉 | to count on others | (in order to accomplish something.)
仮主語 　　　　　　　　　　真主語

⇓

⑤ うっかりミスや与えられた問題の条件に合っていない部分がないか確認して完成

I learned that it is important to count on others in order to accomplish something.

どうだろう。この基本の手順を知っていて「そう考えなくても書ける」ことと，知らないけど「なんとなく書ける」ことの間には，大きな違いがある。

そして，ここで再度，文型の理解が英作文をする際にどれほど大切かを確認してほしい。

とはいえ，毎回そこまで細かく考えてもいられないね。でも，少なくとも次のように，**「意味のまとまり」や「センテンス単位」で構造を捉えて英文にしていく意識を持つようにしてほしい。**

中学時代, / バレーボール部のキャプテンをしていました / が, / チームは試合に負け続けました。

⇓

In junior high school, / I was captain of the volleyball team, / but / our team kept losing a game.

つまり，僕たちは，「チュウガクジダイ バレーブノキャプテンヲシテイマシタガ チームハシアイニマケツヅケマシタ」という例文を飲み込んで，それをはき出して英文を書こうと思っているわけではないということなんだね。

さて，もう1点大切なポイントを。そう，まだあるの。ごめんね（笑）。今回の1文目と2文目の動詞を見てほしいんだ。いくつか動詞があるね。

そう，【現在】(it <u>is</u> important …）と【過去】(I <u>learned</u> … / I <u>was</u> … / our team <u>kept</u> …）が使い分けられていることに気づくね。単純現在形は「現在・過去・未来という**時を超えた（またぐ）内容**」を表現するのに使う。一方，単純過去形は「過去**一時点**で起こった内容」を表現するのに使う。

お，気づいた人もいるね。こうして時制を使い分けることで，【抽象と具体】を行き来することもできるんだ。論理を展開する際に，時制にも気をつける必要があることは知っておいてほしい。

(2) I realized that I couldn't win games by myself and needed my teammates to help me.

さぁ，まずは日本語を確認しよう。

> 私は， / 自分一人では / 試合に勝てず， / チームメイトからの助けが必要だ / ということを実感したのです。

まずはこのくらいに意味のカタマリを意識できるといいね。そうすれば，この文が "I realized that …" という文を中心に成り立つことがわかるはずだ。

あとはこの that 節（that からはじまることばのカタマリで，大きな名詞［名詞節］を作る）内に，残りを入れてあげればいい。

```
自分一人では  /  試合に勝てず,  /  チームメイトからの助けが必要だ
                          ⇩
I couldn't win games  /  by myself  /  and needed my teammates
to help me.
```

　できたかな。couldn't win と needed が and で並列(へいれつ)されていること（対等
な関係でつなげられていること。乾電池の「並列つなぎ」と同じ発想で理
解しておこう）も確認しようね。

(3) To make this happen, I worked on improving the way we worked
　　together as a team.
　　では，日本語の確認からいくよ。

```
それを実現するために,  /  私は  /  チームとしての協力の仕方  /  を
改善すること  /  に取り組みました。
```

　文の中心は「私は / 取り組みました」ということになるね。なお，日本
語の場合，主語にあたるものが一見するとないこともある。でも，これは
日本語と英語の違いから生じるものなので，日本語で主語が書かれていな
くても，「この動作をしたのはだれかな……」と考えて主語を決定する意識
は常に持っておこう。

　improving 以下の部分は書けたかな？　大事なことは，日本語の段階で
「○○の 仕方 を改善する」という構造を意識し，"improving the way"
という語順の判断ができることだ。

　そう，この部分に "(S)VO" の第3文型の構造が入っているんだね。こん

なふうに，さまざまなところに文型の感覚が入り込んでくることに気をつけよう。

ライティング
STEP 3　　　自由英作文問題

では，次のテーマで文章を書いてみよう。しっかりと構成をしてから書くことを忘れずにね。制限時間は【20分】，では，スタート！

問題1

> Answer in a short essay between 100 and 120 words in English. The full score for this essay is 20 points.
>
> What is one of the greatest things life has taught you so far? Explain what it is and why it is important to you.
>
> 〈埼玉大学　2018年（改題）〉

「人生が教えてくれた大切な［重要な］こと」を聞いているね。このような自分の体験・経験を書く問題は，社会的なテーマについて意見を述べるときよりも，書きやすそうに感じる人が多い。でも，自分のことを書くのは，思っているよりも難しいんだ。

また，学校生活での経験などを書く場合には，(the) student council「生徒会」や (the) prefectural tournament「(部活の) 県大会」など，それに関連した表現を押さえておく必要があることもある。油断はしないようにね。

なお，こうした自分の経験を書くことを求められる問題でも，基本的に創作は認められていると考えていい。

問題によっては，「あなたが実際に経験したことでなくてもかまいません」

というような文言が付されていることもあるから，その点は安心してね。

　では，「**構成**」を日本語で確認してみよう。その上でポイントを押さえていくよ。

【解答】の構成

1. 主張：これまでの人生が教えてくれた最も大切なことは，挫折しても立ち直り，前に進み続けることの重要性だ。

2. 具体①（経験）：中学生の頃，テニス部に所属していた。

3. 具体②（経験）：中学２年のとき，決勝で負けてしまい，全国大会に出場することができなかった。

4. 具体③（経験）：とても落ち込んだが，さらに練習に励み，次の大会に備えた。

5. 具体④（経験）：その結果，翌年は決勝戦で勝ち，全国大会に進出することができた。

6. まとめ／「なぜ大切か」につなげる：この経験のあともさまざまな困難に直面したが，そういった際にはいつでもこの経験を思い出し，乗り越えることができている。

　展開としては，1「**挫折しても立ち直り，前に進み続けること**」を人生が教えてくれたこととして挙げ，それを学んだ体験として，2「**中学でのテニス部での話**」を始めているね。

> One of the greatest things life has taught me so far is the importance of bouncing back from setbacks and continuing to move forward. I belonged to the tennis club in junior high school.

　その内容について3〜5で説明をし，6でこの経験が現在に至るまでの自分にとってなぜ大切であるかを述べて，主張と経験をより強く結びつけているわけだね。

In my second year of junior high school, I lost in the finals and was unable to participate in the national tournament. I was very disappointed, but I worked even harder at practice and prepared for the next tournament. As a result, the next year I won the finals and was able to advance to the national tournament. After this experience, I have faced many difficulties, but whenever I face them, I remember this experience and have been able to overcome them.

　全国大会に出場するなんてすさまじいね。今回は，この実績よりも，**経験部分の展開**について見てみよう。

! 論理展開ポイント

　さて，今回のポイントは「伝わりやすい事実・経験の書き方」についてだ（"論理"展開か，という厳密な話は置いといて）。

　今回の構成はとてもスムーズに展開されているけれど，そのスムーズさの理由は何かわかるかな？　なかなか言葉で説明するのは難しいね。では，理由を説明しよう。

　この書き方がわかりやすいのは，これが【大から小】への展開をしているからなんだ。"大"というのは，「大きな枠組みで物事を捉えている」や「大前提から話している」という意味で，"小"というのは「それよりも細やかな内容を話している」という意味だと思ってくれたらいい。

例えば，小さい子に「桃太郎」の話をしてあげる場合に，いきなり「大きな桃が川上から流れてきました」と話し始める人はいないね。それと同じで，まずは物語の前提から話をしていく意識が，伝わりやすい展開には大切だということなんだ。

　今回の構成だと，まず「中学生の頃，テニス部に所属していた」というところから始められていることがとても大切だ。「中学生の頃」という中学生時代の全体を対象とする表現だから，【大】から入っていると言えるよね。

　このあとに「中学2年のとき」とより限定された範囲の内容に入ることで，読み手はスムーズに内容を理解することができるわけだ。【小】になっていることがわかるね。

　すでに，【抽象と具体】という考え方が，論理展開においていかに重要かについては学んだわけだけれど，それにかなり近い発想が，事実・経験を書く際にも存在することを知っておいてほしい。

　論理も"物語"も，展開は「広く⇒狭く」の意識で書こう。

　なお，読解文ではあえて「小から大」へと展開するものもある。「その日私はアキラと待ち合わせをしていた。いつもと同じように待ち合わせの時間ちょうどに彼はやってくるだろう。私は読みかけの小説を閉じ，曇り始めた空を見上げた。思い返せば彼と最初に会ったのもこんな曇った日だった。私と彼は同じ学校の先輩と後輩で…」みたいな感じだね。

　こういった書き方は読み手を引き込むものだけれど，大学受験の自由英作文では使い切れないテクニックだ。いつかの別のタイミングのためにとっておこう。

　では，**今回の構成をもとに英文をみていこう。**時制と展開に意識を向けてね。

One of the greatest things life has taught me so far is the importance of bouncing back from setbacks and continuing to move forward. I belonged to the tennis club in junior high school. In my second year of junior high school, I lost in the finals and was unable to participate in the national tournament. I was very disappointed, but I worked even harder at practice and prepared for the next tournament. As a result, the next year I won the finals and was able to advance to the national tournament. After this experience, I have faced many difficulties, but whenever I face them, I remember this experience and have been able to overcome them. (116 words)

〔日本語訳〕

　人生がこれまで私に教えてくれた最も大切なことの一つは，挫折しても立ち直り，前に進み続けることの重要性です。私は中学生の頃，テニス部に所属していました。中学2年生のとき，私は決勝で負けてしまい，全国大会に出場することができませんでした。私はとても落ち込みましたが，より一層一生懸命練習に励み，次の大会に備えました。その結果，翌年は決勝戦で勝ち，全国大会に進出することができたのです。この経験のあとも様々な困難に直面しましたが，そうした困難に直面した際にはいつでもこの経験を思い出し，乗り越えることができているのです。

　できたかな。**最後の1文が，「なぜ」その "教訓・レッスン" が自分にとって大切なのかを説明する働きをしているね。**

　この1文がないと，問いに十分答えていないと判断されてしまうこともあり得るから，忘れないようにね。

　そうそう，3文目の「中学2年生のとき」を，<u>When</u> my second year of junior high school ...としてしまった人はいないかな。英文を書いていると

き，単に日本語と英語を機械的に置き換える作業をしてるだけではダメだよ。接続詞の when を使うのであれば，後ろに文が続かなくてはいけない。したがって，名詞のみを続けるのであれば，<u>In</u> my second year of junior high school ...のように書くべきだ。

　さあ，次は，**問題1**のテーマで**150語程度の英文を書いてみよう**。経験は先ほどと同じものでも異なるものでも構わない。とにかく，どう書いたら語数が増えるのか，考えながら取り組んでみてね。

　では，改めて問題を示しておくよ。

問題2

Answer in a short essay about 150 words in English. The full score for this essay is 20 points.

What is one of the greatest things life has taught you so far? Explain what it is and why it is important to you.

〈埼玉大学　2018年（改題）〉

書けたかな？　まずは**構成**を確認してみよう。

【解答】の構成

[1] **主張**：これまでの人生が教えてくれた最も重要なことは，だれもが自分の問題を抱え，その感じ方が違うということだ。

[2] **具体へとつなぐ**：私は，弟のソラとのコミュニケーションを通して，このことを学んだ。

[3] **具体①（経験）**：ある日，ソラが給食が嫌で学校に行きたくないと言った。

4 **具体②（経験）**：私が笑ったのでソラが怒った。

5 **具体③（経験）**：それを見て自分も同じ経験があったことを思い出した。

6 **具体④（経験）**：私も体育の授業で走るのが嫌で学校に行きたくないことがあった。

7 **具体⑤（経験）**：私はソラに謝った。

8 経験をまとめる①：このことは今の自分にとって大したことがないからといって他者の気持ちを軽んじてはいけないと教えてくれた。

9 経験をまとめる②：みんな異なる悩みを持っていて，それは個々にとって大事なことなのだ。

10 **まとめ／「なぜ大切か」につなげる**：このことは，私の人に対する接し方を変えてくれ，それは私にとってとても大切なことなのだ。

内容の確認はできたかな？　今回のポイントは赤字になっている部分だ。早速解答例を見てみよう。

問題2【解答例】

One of the greatest things life has taught me so far is that everyone carries their own problems and feels them differently. I learned this through communicating with my younger brother Sora. One day, Sora told me he didn't want to go to school because he didn't like the food they were serving. I laughed, but he got upset because I didn't understand how serious this was to him. This made me remember when I was young. I didn't want to go to school because I didn't want to run in PE class. I said sorry to Sora and told him I understood how he felt. This taught me that I should not underestimate the feelings of others toward something just because it is not significant to me today. Everyone's problems are different and essential to them. This has changed how I treat people, which is very important to me. (150 words)

〔日本語訳〕

　これまで人生が教えてくれた最も重要なことのひとつは，だれもが自分の問題を抱え，その感じ方が違うということです。私は，弟のソラとのコミュニケーションを通して，このことを学びました。ある日，ソラは学校の給食が嫌いだから学校に行きたくないと言いました。私は笑っていたのですが，ソラはそれが彼にとってどれほど重大なことなのか私が理解していなかったので，怒りました。これを見て，私は幼い頃を思い出しました。私は体育の授業で走るのが嫌で，学校に行きたくなかったのです。私はソラに謝り，彼の気持ちがわかったと伝えました。このことは，単に現在の自分にとって重大ではないからといって何かに対する他人の気持ちを軽んじてはいけないということを教えてくれました。みんなの悩みはそれぞれ違っていて，その人にとって大事なことなのです。このことは，私の人に対する接し方を変えてくれました。それは私にとってとても大切なことなのです。

　実は，問題2の解答例で「経験」の具体的な記述をした部分は，問題1の解答例と「同じつくり」になっているんだ。

POINT
! 論理展開ポイント

> 「具体」部分が同じとは？

　そもそも，具体的記述のつくりが同じというのはどういうことだろう。
問題1の解答例の具体部分は，次の部分だね。

> 3 **具体②（経験）**：中学2年のとき，決勝で負けてしまい，全国大会
> に出場することができなかった。
> 4 **具体③（経験）**：とても落ち込んだが，さらに練習に励み，次の大
> 会に備えた。
> 5 **具体④（経験）**：その結果，翌年は決勝戦で勝ち，全国大会に進出
> することができた。

　最初の「テニス部に所属していた」という前提は，ここでは除外して考えているよ。「出来事」の記述に関する部分のみを取り上げていると思ってね。

　では，**問題2**の**解答例**ではどうなっているかというと，次の部分がそれにあたる。

> 3 **具体①（経験）**：ある日，ソラが給食が嫌で学校に行きたくないと言っ
> た。
> 4 **具体②（経験）**：私が笑ったのでソラが怒った。
> 5 **具体③（経験）**：それを見て自分も同じ経験があったことを思い出
> した。
> 6 **具体④（経験）**：私も体育の授業で走るのが嫌で学校に行きたくな
> いことがあった。
> 7 **具体⑤（経験）**：私はソラに謝った。

　こうしてみると，**問題2**の**解答例**のほうが多くのセンテンス数が割り当てられているから，「同じつくり」という表現には違和感を覚えるかもしれない。じゃあ，どういうことだろう。

出来事を説明していく場合に持っているといいのが,「紙芝居のイメージ」なんだ。出来事をうまくまとめられないという人は多いけれど, そんなときには, **出来事の内容を紙芝居にするとしたら**……とイメージすると, グッと書きやすくなるよ。

　そう考えてみると, **問題1**も**問題2**も, 同じ展開の数であることがわかるはずだ。

	問題1の解答例	問題2の解答例
1枚目	試合で負ける	ソラが学校に行きたくないと言う
2枚目	落ち込む	私が笑い, ソラが怒る
3枚目	一生懸命練習する	自分の経験を思い出す
4枚目	決勝で勝って全国に行く	ソラに謝る

　「同じつくり」というのは, 展開の数が同じということだったんだね。

　だから今回は, たまたま**問題1**の出来事のほうがセンテンス数は多くなってはいるけれど, それはそのときの書き方によってそうなっただけで, **問題1**の出来事だって, 書こうと思えばよりたくさんの語数を割いて書くことができるし, **問題2**の出来事ももっとコンパクトに書くことができるということなんだね。

　では, **問題1**と**問題2**の解答例で異なるのはどこなんだろう。そう, それが, **問題2**の解答の構成で赤色にした部分なんだ。

　この部分の働きは何だろうか? これが今回のポイントだ。

❯ 語数を増やすメソッド②: 具体例の入口と出口

　今回100語から150語にするためにとった方法は,【具体例に"入口"と"出口"を作る】というものなんだ。

まずは具体例の "入口" だ。**問題2**の**解答例**だと次の部分だね。

2 「私は，弟のソラとのコミュニケーションを通して，このことを学んだ」

I learned this through communicating with my younger brother Sora.

この文は「今からこんな話をしますよ」とお知らせしているわけだね。紙芝居を始めるときの「タイトルの読み上げと『はじまりはじまり〜』の合図」みたいなものだと思ってもいいかもしれない。

読み手 (聞き手) に「これから何が起きるのか」を知らせるこの一文が "入口" にくると，スムーズな展開になるんだ。

次は具体例の "出口" だ。**問題2**では，次のように2文になっているけれど，この部分が "出口" にあたる。

8 「このことは今の自分にとって大したことがないからといって他者の気持ちを軽んじてはいけないと教えてくれた」

9 「みんな異なる悩みを持っていて，それは個々にとって大事なことなのだ」

This taught me that I should not underestimate the feelings of others toward something just because it is not significant to me today. Everyone's problems are different and essential to them.

この部分の役割は，**「具体例の意味を述べる」**ことだ。「具体例 (事実) は，そこからどのようなメッセージを引き出すかが，書き手によって異なる」ということを，みんなはどのくらい意識しているだろうか？

例えば，

> 私は中学に入って最初の定期テストで，なんとかなるだろうと思っていたらひどい点数をとってしまい，先生に相談し素直にアドバイスをきき，次の試験でなんとか持ち直したという経験がある。

という事実から

 （ア）助言を素直に聞くことは大切

というメッセージを引き出すこともできるし，

 （イ）何事もはじめから油断しないことが大切

というメッセージを引き出すこともできる。はたまた，

 （ウ）小学校から中学校に進むと勉強でつまずくことがある

というメッセージを引き出すことも考えられるね。

 どうかな？「具体例を述べて何が伝えたいか」を示すこと，言い換えれば，"具体的" な例から "抽象的" な意味を引き出すことが文章の伝わりやすさにとって大切だということが，理解できたのではないかな。

 具体例に "入口" と "出口" を付けることは，語数を増やさなくてはならないときはもちろんのこと，語数に余裕がある場合には積極的に意識してほしいことだ。**伝わりやすいことはとても大切なことだからね。**

 少し文法に関する指摘もしておこう。**問題２の解答例の１文目**，One of the greatest things life has taught me so far is that everyone carries their own problems and feels them differently. のＳは，"One of the greatest things ..." の部分だね。

 〈one of ＋複数名詞〉と，of の後にくる名詞が複数形になる点も重要だけれど，これがＳとして使われている場合に最も重要なのは，**このカタマリの中核となる名詞が one だということだ。**「○○のひとつ」なのだから単

数扱い。よって，**対応するVはisとなる**ことに注意しよう。

　こういった点は，英文を書く際に間違えやすいところだからこそ，文法問題でもよく狙われる。きちんと意識できるようにしようね。

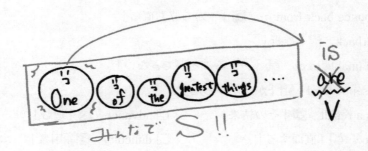

　また，3文目の One day, Sora told me <u>he didn't want</u> to go to school because he didn't like the food they were serving. は，「学校に行きたくないと言いました」という日本語だけを見ると，he doesn't want と現在形で書きたくなるよね。でも，これは自分が実際に経験した出来事を述べているのだから，書いている時点から考えて過去のことだね。日本語に惑わされることなくしっかり過去形を使おう。

　これで今回の授業はおしまい。文法項目として登場した時制はとても大切なのでしっかり復習を。

　また，**事実・経験の書き方**も重要事項が盛りだくさんだったね。学習の序盤は大事なことがたくさん出てきてしまうけれど，大事だからこそこれからも繰り返し登場するので，そのたびに復習していこう。

- [ ] essay 名「作文，随筆」
- [ ] so far 句「これまで」
- [ ] importance 名「重要性」
- [ ] bounce back from ～ 句「～から立ち直る」
- [ ] setback 名「挫折」
- [ ] be unable to do 句「…することができない」
- [ ] disappointed 形「がっかりした」
- [ ] as a result 句「その結果」
- [ ] advance 動「進む」
- [ ] face 動「直面する」
- [ ] difficulty 名「困難」
- [ ] overcome 動「乗り越える，克服する」
- [ ] serve 動「(食べ物を) 出す」
- [ ] upset 形「腹を立てている，うろたえる」
- [ ] serious 形「重大な」
- [ ] PE 名「体育（physical education の略）」
- [ ] underestimate 動「軽んじる，見くびる」
- [ ] significant 形「重要な，重大な」

第3講 Study 📖 イラスト・図表問題① 〈イラスト描写〉

前置詞

今回は「イラスト・図表問題」の1回目として，**イラスト**問題を取り上げてくよ。「イラストの説明なんて，目の前の絵を説明するだけだから簡単！」なんて侮（あなど）るなかれ。**"どう説明するのか"**，ポイントをしっかりと押さえていこう。さらに，イラスト問題で身につけたことは，「体験・経験」を書く際にも，英検2次対策にも応用できることを明らかにしていくよ！

ライティング STEP 1　　四択英文法問題

今回の文法ポイントは「前置詞」です。前置詞がちゃんと使えない人，実はとっても多いよ。ここでしっかりマスターしようね。

次の各問題の空所に入れるのに最も適当な組み合わせの選択肢を，①〜④のうちから1つ選びなさい。

(1) Can you see the woman (　　　　　) short hair talking (　　　　　) Mr. Brandon?

① in ／ to 　　　　　　② with ／ to

③ for ／ at 　　　　　　④ on ／ with

(2) There is a good restaurant (　　　　　) the lake. I found it when I was walking (　　　　　) the city.

① in ／ to 　　　　　　② of ／ with

③ by ／ around 　　　　④ at ／ of

> (3) Daisuke spent a night sleeping (　　　) the bench in the park
>
> (　　　) the station.
>
> ① in / across from　　　② on top of / into
>
> ③ above / out of　　　④ on / in front of

(1) ②　（ブランダンさんに話しかけている短髪の女性が見えますか）

　前置詞については，「〜に」や「〜で」など，日本語の意味と1対1で結びつけて覚えてしまっている人も多い。でも，前置詞を理解する際には，その中心的意味を理解することが大切だ。

　そして，多くの前置詞において，その中心的な意味は，「空間的な位置・関係」を示すものなんだ。

　中心的な意味を，日本語とイラストとの両方のイメージでとらえ，そこからさまざまな意味を派生させて考えるようにすると，理解がしやすい。すべてについては触れられないけれど，可能な限り確認してみよう。

【in 〜】「〜の中に」

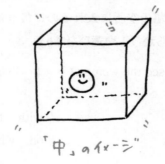

「中」のイメージ

【on 〜】「〜に接触して」

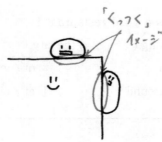

「くっつく」イメージ

【at 〜】「〜という一点で」

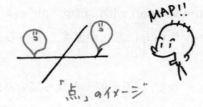

「点」のイメージ

【to 〜】「〜の方向へ」（原則として「到達」を含意）

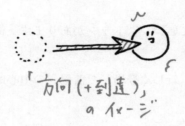

「方向（+到達）」のイメージ

【for 〜】「〜の方向へ・〜に向かって」（「到達」を含意しない）

「方向/向かう」イメージ

【with 〜】「〜と一緒に」

「一緒」のイメージ

(1) の問題で "talk to *A*" となるのは, A が話す対象であることを考える
とわかりやすいね。"the woman with short hair" は「一緒」を表す with
が「特性・特徴」を表す使い方に意味が派生しているということだ。正解
は②だ。

　もちろん, talk with *A* など, "不正解" となっている選択肢の中に, 正し
い組み合わせが一部含まれているものもあるよ。**あくまで "両方正しい"**
選択肢を正解としていることに注意しよう。

(2) ③ (その湖のそばにいいレストランがあります。街を散歩しているとき
　に見つけたんです)

　できたかな？ では, 新しく登場した前置詞の中心的な意味を確認してし
まおう。

【of 〜】「〜から離れて／分離」

「分離」のイメージ

【by 〜】「〜のそばに／近接」

「そば／近接」の
イメージ

【around 〜】「〜の周囲／一円」

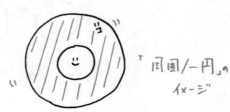

「周囲／一円」の
イメージ

of は「〜の」という意味で覚えている人が多いと思うけど，大もとには
こんな意味があるんだよ。

ただ，of にはその中心的意味からは説明しにくいものもあるので，英文中
での使われ方を見ながら知っていこうね。

そんなわけで③が正解なんだけど，もちろん今回の英文で「湖」を地点
として捉え，"a good restaurant at the lake" とは言えるし，「街に向かっ
て歩いている途中で」という文脈であれば "walk to the city" とも言える
ことはある（もっともその場合は "while walking to the city" と表現した
ほうが明確かな）。

こんなふうに，前置詞は「決まりきった何か」なのではなく（そういう
ものもあるけれど），**柔軟に使うことで英文をより生き生きと伝えられるも
のなのだと知っておくと，**ライティングに役に立つよ。

(3) ④（ダイスケは駅前の公園のベンチで一晩寝た）

いくつかの語の組み合わせで成り立っている前置詞が登場してるね。こ
れを**「群前置詞」**と呼んだりするよ。

これらは組み合わせることで意味を表すものなので，必ずしも中心的意
味という捉え方が適さないものがあるけれど，確認してみよう。

【across from 〜】「〜の向かい側」（from は「〜から（起点）」）

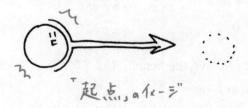

「起点」のイメージ

【on top of 〜】「〜の上に」

【in front of ～】「～の前で」

【out of ～】「～の中から外へ」

　最後に紹介した **out of** は，次の前置詞とあわせて理解するとわかりやす
い。

【into ～】「～の中へ」

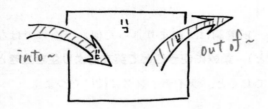

　さて，今回登場している **above** について少しだけ説明しておこう。

【above ～】「～より高いところに・～の上で」

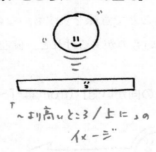

　こうしてみると，"above the bench" も「ベンチの上で」という意味になっ
て大丈夫そうな気がする。
　たしかにこの表現も，実は言えなくはないのだけれど，一般的ではない
んだ。above は「上の位置であること」に意味の中心があるので，
　〔例〕He was sleeping above the bench, I mean, on a tree.

こんな文の場合のほうがいい。こうして見てくると，前置詞を過度に日本語の意味と結び付けすぎることには慎重でなくてはならないことが実感できるね。

これから先も，英文の中で使われている前置詞に意識を向けて，その輪郭(りんかく)をつかんでいこう。

では，語句整序問題にチャレンジだ。

語句整序問題

日本語をヒントに与えられた語句を並べかえなさい。ただし，文頭にくる語も小文字にしてある。

(1) この絵の中には男の子と車いすの女性が描かれています。

(in / there are / a wheelchair / this picture, / and a woman / a boy / in).

(2) 男の子は自動販売機の前に立っていて，どの飲み物を買おうか選んでいます。

(front / the boy / is / which drink to buy / in / and is choosing / of / a / vending machine / standing) .

(3) 一方で，男の子が通り道にいるので女性は前に進めず困っています。

(the woman / cannot / on / is / in / trouble because / her way / she / move forward / the other hand, / as the boy is / in).

(1) In this picture, there are a boy and a woman in a wheelchair.

　これは比較的スムーズに書けたのではないかな？　日本語は「描かれています」で終わっているけれど，Ｖとして使えそうなのは "there are" しかないから，これで文を作ることは確定している。自分でゼロから英文を作る際には，もっと色々なパターンが考えられるけれど，今回は問題の特性上仕方ないね。あとは "there are" のあとに名詞を置いていけばいい。

　"a woman **in** a wheelchair" で「車いすの（に乗った）女性」という意味になる。こういう表現に出くわしたときに，「あぁ，**in** を使うんだな」という感じで意識しておけるといいよ。

(2) The boy is standing in front of a vending machine and is choosing which drink to buy.

　基本に忠実に，日本語の中に「立っている」と「選んでいる」というＶが２回含まれていることを確認しよう。

　"the boy" をＳにして，あとは文型を意識しながら英文を作っていけばいい。"**in front of**" はちゃんと使えたかな。学んだ表現は使うことで定着していく。「インプットはアウトプットで強化される」という意識をしっかり持っておこう。

　なお，今回登場している "which drink to buy" という表現は〈疑問詞＋ to *do*〉のパターンの１つで，

〔例〕Jiro taught me how to play chess yesterday.

　　　Jiro｜ taught ｜me｜ how to play chess ｜(yesterday).
　　　　S　　　V　　　O　　　　　O　　　　　　　　M
　　　昨日ジローは私にチェスのやり方を教えてくれました。

このように名詞のカタマリを作るものなので覚えておこう。

(3) On the other hand, the woman is in trouble because she cannot move forward as the boy is in her way.

さて，この問題はどうかな。まずは日本語を分析的に確認してみよう。

一方で，/ 男の子が通り道にいるので / 女性は / 前に進めず /
困っています。

「一方で」は "on the other hand" だね。これは熟語として押さえておきたい。その上でメインのSVは「女性は──困っています」だね。「困る」は "in trouble" と表現できる。「トラブルの中に」と考えればそのままだね。

少し難しいのは，下線部の「前に進めず」の部分だ。これが「困っています」という部分とどういう論理的な関係になるかわかるかな。

そう，「前に進めないので困っています」という「理由と結果」の関係だね。それゆえ今回は because でつないでいるわけだ。

こんなふうに，日本語を英語にする際には，日本語を解釈して言い換える必要があることもある。異なる言語を行き来する際には必要な力だ。

なお，今回の3問を通して，さまざまな場面で "in" が使われているのを見てもらったことに気付いたかな。

1つの前置詞がさまざまな名詞と組み合わさって色々な意味を表すことを，意識しておいてね。

STEP3 ライティング 自由英作文問題

では，いよいよ**自由英作文**だ。

次の内容で英文を書いてみよう。しっかりと構成をしてから書いてみてね。制限時間は【20分】，では，スタート！

問題 1

Look at the pictures and write about what happened. (about 80 words)

〈小樽商科大学　2019年（改題）〉

さあ，できたかな。今回は**イラスト説明問題**だね。しかも**4コマ漫画の出題**だ。「何を書いたらいいのか」がちょっとわかりにくかったかもしれないね。

ただ，この問題を通じて，**自分の体験を書く力を養う**こともできるんだ

66

けど，気づいたかな。前回学習した「紙芝居のイメージ」で今回の４つの
イラストを説明できるなら，このイラスト説明問題は，自分の体験を上手
に書くことにもつながるということだものね。こんなふうにさまざまなラ
イティングの出題形式があるけど，それらはすべて，ライティングの力全
般を鍛えることにつながっているんだ。たとえ自分が必要とする出題形式
と異なっていたとしても，しっかりと取り組むことが大切だよ。

では，構成を確認してみよう。

【解答】の構成

1 １コマ目：女の子が路上で見知らぬ女性に話しかけられた。

2 ２コマ目：女性は女の子に化粧品がほぼ半額で買えると伝え，女
の子は買った。

3 ３コマ目：女の子はお店で同じものがもっと安く売っているのを見
つけた。

4 ４コマ目：女の子は女性のところに戻ったが，彼女はいなくなって
いた。その瞬間，ようやく女の子はだまされたのだと気づいた。

どうだったかな。イラストの説明に自分が思っていた情報は含まれてい
たかな。今回はこの点について詳しく説明していこう。

POINT ! 論理展開ポイント

イラストに基づく自由英作文の問題は，単純な「**イラスト１枚の説明**」
を求める問題と，「**複数のイラストの説明**」を求める問題の２種類に大きく
分けられる。

このことには，それほど驚きはないと思う。なんとなくそんな感じがし
ます，というところじゃないかな。ただ，その違いは何か，と言われてし
まうと，ちゃんと理解できていないことが多いんだ。

もちろんどちらの形式も，「問われていること」に答えることが何よりも大切なので，問い方によってはどちらのタイプの問題も似たようなことをすることにはなり得る。

　ただ，イラスト１枚の問題が「相手がそのイラストを再現できる程度の情報を提供する」ことを求めるものが多いのに対し，複数のイラストの問題は，「相手がその展開を把握できる程度の情報を提供する」ことを求めるものが多いことを知っておこう。

　例えば今回の４コマ漫画のような問題で，「何を書くべきか」を考える際には，「何を伝えたら読み手に展開を把握させられるのか」を考える必要があるということになる。

　限られた語数の中では，イラストの中に含まれる情報を「ストーリーを説明する上で必要か」という観点から取捨選択しなくてはならないということだ。

　具体的な例を挙げると，１コマ目のイラストからは，「女の子がうさんくさい女性に話しかけられているのは病院の前」ということがわかるけれど，これは必要な情報かな？

　そう，あとの展開を見れば，この「病院の前で」というような情報はストーリー上関係がないことがわかるね。不要だ。１つのイラストあたり１〜２センテンスしか書けないことを考えると，そんなことに触れている場合ではないということだね。

　では，この構成をもとに英文をみていこう。実は，上の構成には「ある大切な情報」をいくつか省いてあるんだけれど，わかるかな。

　構成の段階には書かれていない「書くべき情報」とは何だったのか，自分の答案を確認しながら考えてみてね。

One day, a girl was spoken to by a stranger on the street. The woman told the girl that she could buy some cosmetics now for almost half the price, so the girl bought them. Later that day, however, the girl found the same items for much less at a store. The girl went back to the woman, but she was already gone. At that moment, the girl finally realized that she had been tricked. (75 words)

〔日本語訳〕

　ある日，女の子が路上で見知らぬ女性に話しかけられました。その女性はその女の子に，今ならばいくつかの化粧品がほぼ半額で買えると伝え，女の子は買いました。しかしながら，その日のうちに，女の子はお店で同じものがもっと安く売っているのを見つけました。女の子は女性のところに戻りましたが，彼女はすでにいなくなっていました。その瞬間，ようやく女の子はだまされたのだと気づきました。

　さぁ，「書くべき情報」とは何だったかわかるかな。それは，「展開やつながりを示す情報」なんだ。

　"One day, ..." と始めることで，ストーリーの最初の場面をよりスムーズに導入することができている。また，不定冠詞（a[an]）を付けていた情報を，次の文で定冠詞（the）を付けて書くことで，前の文からのつながっていることが示せているね。

　さらに "Later that day, however, ..." というかたちで文を続けることで，"One day, ..." と書いたときのように次の場面をスムーズに伝えられているだけでなく，その前までの内容からは異なる展開をしていることが示されて，このストーリーの内容が明確になっているんだね。

最後の "At that moment, ... finally ..." もこれと同様の働きをしているわけだ。

　今回のような出題では，かなりの数の生徒が，各コマの内容を箇条書きのように英文にして並べただけ，という残念な答案を書いてしまう。

　でも，それではこの問題に正しく解答できているとは言えないことは，これまで見てきたとおりだ。

　この問題が自分に何を求めているのか，しっかり理解して取り組もうね。

　あ，そうそう，今回学んだ "ストーリー" の説明方法は，英検の2次試験などでも活用できるものだからね。ある分野で学んだことを別の部分でも活用していく意識は本当に大切なんだよ。

　そうそう，2文目の「ほぼ半額で」は，for almost half the price と書けたかな？ for には「ある目標に向けて」という意味合いがあり，これが「目的」や「追求」を表す意味へとつながっていく。これが求めるものとしての「対価」を表す今回のような使い方へと広がっていくんだね。

　もちろん，「価格」は「点」のイメージとも相性が良いので at も使いうる。

　こうした**名詞と前置詞の相性の良さ**は，多くの英文に触れることでより正確な理解ができるようになるところでもある。「へー！」とか「たしかに！」とか思いながら学んでいってね。

　では，次に進もう。今回は新しい問題に挑戦してもらうよ。

　語数は120語〜150語くらいということにしておこう。でも，あまり語数は気にしなくていいからね。では，頑張って。

問題2

Think about the meaning of the picture below and explain your thoughts in a paragraph in English.

[Picture available at http://www.cartoonistgroup.com/store/add.php?iid=125697
*Gary Varvel's Editorial Cartoons － Child Comics and Cartoons ／
The Cartoonist Group.*
This image is copyright protected. The copyright owner reserves all rights.]

〈早稲田大学　2020 年（改題）〉

　できたかな。あまり見慣れないかたちだったかもしれないね。まずは構成を確認してみよう。

　それから，この問題がどんな点で「特殊」なのかを説明していくよ。

【解答例A】の構成

1. **イラストの説明①**：この絵の中には，子どもと公園が描かれている。
2. **イラストの説明②**：ただ，子どもたちは公園の中ではなく，公園の前にいる。
3. **イラストの説明③**：子どもたちは公園の中で遊ばず，スマホやタブレットで遊んでいる。
4. **自分が考えるこのイラストの意味**：この絵は今日の子どもたちがどんどんインターネット中毒になっていることを意味している思う。
5. **主張**：こうした状況は子どもにとって良いものではない。
6. **理由①**：子どもの頃に外で体を動かして遊ぶことは子どもの肉体的や精神的発達にとって不可欠だ。
7. **具体化（デメリットの詳しい説明）**：この状況が続けば将来病気にかかる子どもが増えるかもしれない。
8. **理由②**：さらに心配なことは，この絵で示されているように，インターネットが子どもたちから顔と顔を突き合わせてやりとりをする機会を奪ってしまっているということだ。
9. **具体化（デメリットの詳しい説明）**：私たちは子どもの頃に他者との接し方を学ぶ。なぜなら社会は人々がコミュニケーションをとることによって成り立っているからだ。
10. **まとめ**：こうした状況がどのような影響を将来社会に与えるのか，私は心配だ。

では，早速**解答例**をみてみよう。

There are children and a park in the picture. However, the children are not in the park but in front of it. They are not playing in the park but on their phones and tablets. I think this picture means that children today are growing more and more addicted to the Internet. Obviously, this situation is not good for children. Playing outside as a child is essential for their physical and mental development. If this situation continues, more children may become ill in the future. What makes me even more concerned is that, as this picture shows, the Internet deprives children of the opportunity for face-to-face interaction. We learn how to interact with others as children, since society is based on human communication. I am worried about how this situation will affect our society in the future. (137 words)

どうだったかな。まず**イラストの説明をしたあとに，自分の意見を述べる**という内容になっているわけだね。さあ，さらに深くみていこう。

! 論理展開ポイント

今回の問題は，**「あなたが考えるこのイラストの意味と，あなたが考えたこと」を答えさせる問題**だ。

解答する際には，先に示した**構成**からもわかるように，イラストを大まかに説明したあとに，このイラストが意味していると思うこと，及びそれに対する意見を述べる必要があるわけだね。

この問題の難しさは，概ね次の２点にある。

【1】複数の「書くべきこと」を１つの文章にしなくてはいけない

問題２では，「イラストの説明＋考えを述べる」ことが求められているね。

こんなふうにいくつかの異なる情報を盛り込むには，**必要な情報をしっかりと「おさめる」必要がある。**

　こうした出題では，例えば「イラストの説明」ばかりをしてしまい，「考えを述べる」ほうには語数を割けない，というようなパターンがよくある失敗だ。

　ただ，大学入試では「グラフの内容をまとめて考えを述べる」ことや「自分が最も重要だと考える社会問題をひとつ挙げ，それがなぜ重要だと思うかを述べ，解決策を述べる」ことなどがこれまでも求められている。

　「きちんと構成をしてバランスよく記述をする」というこのタイプの出題の要求は，十分に対策をして乗り越えなくてはならない難しさの1つだということだ。

【2】「具体」から「抽象」を引き出さなくてはいけない

　もう1つの難しさは，「意味」をきかれているということだ。与えられたイラストの描写をすることは，言わば「具体を具体に」という作業なわけだけれど，「意味を述べる」ということは「具体を抽象にする」ということ，つまり，**「見えているものから見えていないものを述べる」**という作業だということなんだ。

　つまりこのタイプの問題は，「何について書くか」ということを，書き手が「見つけ出す」必要があるわけだね。そういった意味では，**「正解がない問題」**だとも言えるんだ。難しいよね。

　ただ，こういった「その場で考えさせるような問題」は，思考力・判断力・表現力を重視する現在の入試の趣旨に合致しているとも言えるので，どの大学でも出題される可能性がある。ちゃんと対策はしておこうね。

　とはいえ，変に怖がる必要はないよ。例えば，今回のイラストは，解釈のしかたによっては結局，「子どものころからスマホやタブレットを持つことの是非」や「子どもがスマホやタブレットを持つことに賛成か」，はたま

た「インターネットの功罪」といった，これまでさまざまな場面で問われてきた典型的な自由英作文の出題と同じことを聞いているということなんだ。

　「問いの発見」ができてしまえば，自分が準備してきたもので戦うことが十分可能だということなんだね。

　どうだったかな。難しかったかもしれないけれど，ちょっと面白いとも思わなかったかな。「飲み込んだものを吐き出す」ような答案の作り方ではなくて，「考えて解く」というのは本質的には楽しい作業なんだ。
　考えることを嫌がらないことは，これからの学習のためにもとても大切なことだよ。

問題 2 【解答例 A】日本語訳

　この絵の中には，子どもと公園が描かれています。ただ，子どもたちは公園の中ではなく，公園の前にいます。子どもたちは公園の中で遊ばず，スマホやタブレットで遊んでいるのです。この絵は，今日の子どもたちがどんどんインターネット中毒になっていることを意味している思います。当然，こうした状況は子どもにとって良いものではありません。子どもの頃に外で体を動かして遊ぶことは，子どもの肉体的や精神的発達にとって不可欠です。この状況が続けば，将来病気にかかる子どもが増えるかもしれません。さらに心配なことは，この絵で示されているように，インターネットが子どもたちから顔と顔を突き合わせてやりとりをする機会を奪ってしまっているということです。私たちは子どもの頃に他者との接し方を学びます。なぜなら社会は人々がコミュニケーションをとることによって成り立っているからです。こうした状況がどのような影響を将来社会に与えるのか，私は心配です。

せっかくだから今回は，**違う角度から書いた答案**も載せておこう。「答えのない問題」の醍醐味を味わってみてね。

問題 2【解答例 B】

> In this picture, children are playing games on their smartphones and tablets in front of the park, rather than playing in the park. This picture shows that the meaning of play has changed for children today. I believe that adults are responsible for creating these situations. Adults deprived children of fun playground equipment, saying it was dangerous. It was adults who did not take time to play outside with their children, saying they were too busy at work, and gave their children games to keep them quiet. If this picture is used to blame children, it is a misuse. The road sign in this picture, which originally is a warning to those driving cars, is now directed at all adults. (120 words)
>
> 〔日本語訳〕
> 　この絵では，子どもたちが公園で遊ぶのではなく，公園の前でスマホやタブレットでゲームをしている様子が描かれています。現代，子どもたちにとって遊ぶということの意味が変わってしまったということをこの絵は示しています。私はこうした状況を生み出した責任は大人にあると思っています。大人が，危険だからという理由で，子どもたちから楽しい遊具を奪ってしまいました。仕事で忙しいことを理由に子どもと一緒に外で遊ばず，静かにしていてくれればよいとゲームを与えたのは大人です。こうした絵が子どもを責めるために使われるのであれば，それは誤った使い方です。この絵の中の，かつては車を運転する人たちに対して警告であった道路標識は，今やすべての大人に向けられているのです。

はい，今日はここまで。前置詞の奥深さ，イラスト問題の奥深さに少し
は触れられたかな。しっかりと復習をしようね。やりっぱなしではダメだよ。

CHECK ✓ 重要語句チェック

□ stranger 名「見知らぬ人」　　□ cosmetic(s) 名「化粧品」

□ trick 動「だます」　　□ tablet 名「タブレット」

□ addicted 形「中毒の」

□ obviously 副「明らかに，言うまでもなく」

□ situation 名「状況」　　□ essential 形「不可欠な」

□ physical 形「肉体的な」　　□ mental 形「精神的な」

□ concerned 形「心配する」

□ deprive A of B 句「A から B を奪う」

□ face-to-face 形「面と向かっての」

□ interaction 名「ふれ合い」

□ be worried about ～ 句「～を心配する」

□ affect 動「影響する，作用する」

□ rather than ～ 句「～ではなく，～よりむしろ」

□ responsible 形「責任がある」　　□ create 動「生み出す」

□ playground equipment 名「遊具」

□ dangerous 形「危険な」　　□ blame 動「責める」

□ misuse 名「誤用」　　□ road sign 名「道路標識」

□ warning 名「警告」　　□ direct 動「向ける」

Study

要約問題①

準動詞

　本講の英作文のテーマは「要約問題」です。ちょっと大変そうに感じる
かもしれないけれど，基本からしっかりレクチャーするから安心してね。
文法事項は，要約問題で活用できる「準動詞」を扱っていくよ。

　では，スタート！

ライティング STEP1　　四択英文法問題

次の各問題の空所に入れるのに最も適当な選択肢を，①〜④のうち
から1つ選びなさい。

(1) Linda seems to (　　　　　) a good relationship with her boss, at
least for the first few months.

　① have　　　　　　　　② having

　③ be having　　　　　　④ have had

(2) (　　　　　) being on time always causes us a lot of trouble.

　① No　　　　　　　　　② His not

　③ We　　　　　　　　　④ Him not

(3) (　　　　　) by towering bookshelves, she felt like a tiny mouse
in the library.

　① Surrounded　　　　　② Because she is surrounded

　③ The woman surrounded　④ Surrounding

(1) ④ (リンダは，少なくとも最初の数か月間は，上司と良好な関係を築いていたようだ)

まず，「準動詞」とは「不定詞」，「動名詞」，「分詞」という３つの文法項目の総称で，大雑把に言うと，「動詞のように見えるが動詞以外の働きを文中で担うことば」のことだ。

不定詞も動名詞も分詞も，それぞれに重要で，３つまとめて扱うにはあまりにも膨大なのだけれど，ここでは最低限押さえておきたいポイント整理をしていくよ。

準動詞を理解するためのポイントは次の２つ。

【1】不定詞・動名詞・分詞の，品詞としての役割を理解する

先に述べたとおり，準動詞とは「動詞以外の働き」をすることばのことだ。例えば不定詞について学ぶときに，"名詞（的）用法" とか "形容詞（的）用法" とか "副詞（的）用法" なんていう言葉に出会ったりするけれど，あれは「動詞みたいに見えるが，動詞以外の働きをする不定詞というものを，名詞（or 形容詞 or 副詞）として使っていますよ」と言っているわけだ。

そうした，「どの品詞の働きを担うことができるか」という観点から不定詞・動名詞・分詞を理解できること，それが，３つを "準動詞" というひとつの概念でまとめる意味のひとつなんだ。

それぞれの働き方をざっくりと図示すると，右のイラストのようになる。

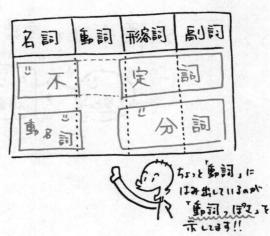

ちょっと「動詞」にはみ出しているのが「動詞っぽさ」を示してます!!

【2】「主語・時制・否定」の3つの観点で統一的に理解する

　不定詞も動名詞も分詞も，その“原材料”は動詞だ。そのため，ある種の“動詞っぽさ”を残している。

　だから準動詞を学ぶときには，❶「主語（意味上の主語）」，❷「時制」，そして❸「否定」という，動詞を使うときに注意すべきことと同じことを軸にして学習をするのがポイントになる。

　基本的に，どの準動詞でも，まずは以下のことが共通していると考えるといい。

（ア）意味上の主語が明確な場合と「一般の人」の場合には，明示しなくてよい

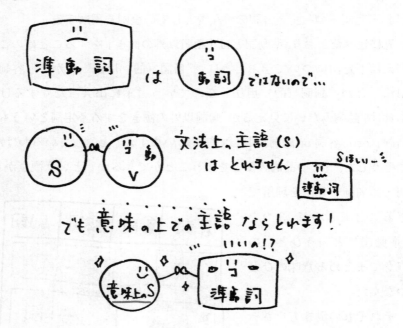

（イ）Vの時制よりも過去のことを表すときには「完了○○」を使う

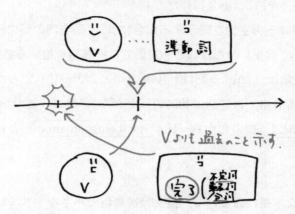

（ウ）否定語は not / never を準動詞の前に置く

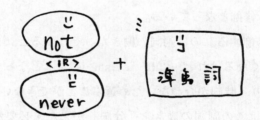

　さて，今回の問題 (1) は，不定詞に関する問題だね。seem の時制よりも
"have a good relationship" のほうが前（Vより過去）の内容だということ
が，"at least for the first few months" の表現などから判断できる。その
ため，「完了不定詞」を用いた④が正解となる。

　こうしたルールは「伝わる英文」を書くためにも書かせないものなので，
確認しておこうね。

(2) ②（彼が時間を守らないことで，私たちはいつも迷惑を被っている）

　"being on time" が causes の S となっている。名詞の働きをする ing の
かたちは……，そう，「動名詞」だ。

　動名詞の意味上の主語を明示する場合には，「動名詞の前に所有格または
目的格を置いて示す」のだけれど，文頭では所有格を用いる必要がある。

　加えて否定語は，「not または never を準動詞の前に」だったね。

　語順は，〈所有格＋否定語＋動名詞〉となる。"彼の（彼の抱える）[時間
を守らないこと]"なのだから "His not being on time" というようにな
るね。

(3) ①（大きな本棚に囲まれて，彼女は図書館で小さなネズミになったよう
　　　な気分だった）

　（　　）が含まれる部分は，"she felt like ..." というメインのセンテンス
（主節）に対する修飾となっている。

　「名詞以外を修飾する」のは副詞の働きだ。そうすると，まず選択肢の②
かな，と考えたくなるけれど，②は "... she is ..." となっていて，現在時
制で書かれており，時制が合わないため選ぶことができない。

　だから，今回はこの副詞の働きを「分詞」が果たす必要があるというこ
とになる。

　さて，こうして分詞が副詞の働きをしている文を「分詞構文」と呼ぶ。「○○
構文」と言われると，すごく限られた，ごくわずかな場面でしか登場しな
い文のかたちだというイメージを持つ人がいるけれど，分詞を副詞として
使う場面は結構多いので，分詞構文は，英文を読む際にも頻繁に登場する
ものなんだ。

　この分詞構文の意味上の主語は「主節の S と同じであれば明確になって
いるため明示しない」のがポイント。

　そうすると，選択肢③は surrounded の意味上の主語が主節の she であり，

これは The woman と同じだと考えられるね。

　だから "The woman surrounded ..." というかたちで示す必要がない。選択肢③は誤りだ。あとは意味上の主語である she と surround の関係が受動関係（「she は surround <u>される</u>」という関係）であることを考えれば①を選べるはずだ。

　分詞構文に関して少し脱線。分詞構文を学習すると，「自由英作文では使ってはいけない」という指導がされることがある。

　この背景には，1 つは分詞構文がもつ「曖昧さ（読み手がその意味を補って考えなくてはならない）」が，明確な論理を重視する文では避けられるべきだという考え方が存在すること，もう 1 つは，学習者が正しく理解せずになんとなく分詞構文を使うために，間違いが多いことなどがあると言われている。

　ただ，論理的な文章でも分詞構文が使われることはいくらでもあるし，**分詞構文を使いこなせることは，みんながいい書き手となる上でとても大切なことだ。**

　海外の英語の試験では，分詞構文の使用を積極的に評価してくれるものもあったりする。せっかく学んだ表現なのだから，きちんと身につけて，うまく使いこなしてほしいと僕は思う。

　では，次に語句整序問題にチャレンジしてみよう。

STEP 2 語句整序問題

> 日本語をヒントに与えられた語句を並べかえなさい。ただし，文頭にくる語も小文字にしてある。
>
> (1) 職場に子どもを連れてくることができて，親は仕事に集中することができます。
>
> (can focus / they / their children / because parents / to work, / on their work / can bring).
>
> (2) 職場に子どもを連れてくることができて，親は仕事に集中することができます。
>
> Parents (able / can focus / by being / to work / on working / to bring their children).
>
> (3) 職場に子どもを連れてくることができて，親は仕事に集中することができます。
>
> (on their work / parents / their children to work, / to focus / can bring / allowing them).

(1) Because parents can bring their children to work, they can focus on their work.

　問題を見てびっくりしたかな（笑）？ 誤植や間違いではないよ。今回は3つとも同じ日本語からの出題なんだ。今回のテーマである「要約」をする際には，当然だけれど，**本文をもとにして解答を作成する必要がある。**

　しかし，通常，要約問題では，英文の「抜き書き」は避けるべきなんだ（"Do not copy."と指示文に記載されている場合もある）。そこで重要なのが，**同じ内容をさまざまなかたちで書くことができる力だ。**

今回の問題を通して，そのあたりの感覚を少しでもつかんでほしい。

さて，まずは1つ目の英文から。まずは日本語を確認してみよう。

> 職場に子どもを<u>連れてくることができて</u>，親は仕事に<u>集中すること</u>
> <u>ができます</u>。

「連れてくることができる」と「集中することができる」の2つの動作が
含まれていることは，もう判断できるね。

日本語を分析的に見ると，「連れてくることができる」の主語は「親」だ
と読みとれるはずだ。

では，「連れてくることができて…集中することができる」という2つの
SV の論理関係はどうだろう。

そう。「連れてくることができる<u>ので</u>…集中することができる」という，
「原因（理由）と結果」の関係性があると考えることができるね。

ここまでわかれば，

> 親は ／ 職場に ／ 子どもを ／ 連れてくることができます
>
> 親は ／ 仕事に ／ 集中することができます

という文をそれぞれ書き，理由を表す接続詞 because でつないであげれば
いい。まずここはクリアしてしまおう。

(2) (Parents) can focus on working by being able to bring their children to work.

この問題は (1) と何が違うだろう。英文を比較して確認してみよう。

（1） Because parents can bring their children to work, they can focus on their work.

（2） Parents can focus on working by being able to bring their children to work.

こうして見ると，細かいところを除けば，下線が付されている主節はほぼ同じであることがわかる。

では，四角で囲ってある部分の違いは何だろう。(1) で「接続詞＋S′ V′」（こうした SV の関係を内包したカタマリを「節」と呼ぶ）で書いていた情報を，(2) では〈前置詞＋名詞（動名詞）〉（こうした SV の関係が中に含まれていないカタマリを「句」と呼ぶ）で書いているんだね。

この 2 つの情報は，どちらも主節を修飾する「副詞（名詞以外を修飾することば）」の働きをしている点では同じだということが大切だ。

今回は "by being able to ..." の部分が「…によって」という意味になっているわけだね。

こんなふうに，**準動詞を使って「節⇆句」の行き来をすることでも，書き換えはできるんだ。**これまでに確認した「意味上の主語」や「時制」や「否定」に意識を向けながら確実に書き換えられるようになろう。

(3) Parents can bring their children to work, allowing them to focus on their work.

　これまでの文と何が違うんだろう。そう，**主節が異なる**ね。

　(1) や (2) で「副詞」として主節を修飾していた「職場に子どもを連れてくることができて，…」の部分を主節にして，「親は仕事に集中することができる」の部分を分詞のかたちで文末に置いている。

　そう，これは**分詞構文**だ。分詞構文にはさまざまな意味があるけれど，今回は「その結果…」といった意味になると考えるといい。

　「何を主節にするか」は「何を中心に据えるか」に大きく関わることなので，本来はあまり積極的に変更しないほうがよいとは言える。

　ただ，今回のように「結果」を意味する表現の場合，文法的な主節とは関係なく，**結果を表す部分に文の主張の中心がある**と言える場合が多い。そのため今回の文でも，"allowing ..." 以下にイイタイコトがきていると考えてよいと思う。

　こんなふうにして学んでくると，1 つの文がさまざまなかたちへ書きかえられることや，準動詞が活躍する場面がこんなにあるということがわかってもらえたのではないかな。

　「書き換える」方法には，「単語・熟語レベルの書き換え（例えば "put up with *A*" を "tolerate O" にするなど）」以外にも，さまざまなものがある。それをこの場で全部網羅することは難しいけれど，**「この文はこんなふうにも書けるのか～」というアンテナを常に持つことは，とても大切なことなんだ。**

　色々なかたちで書くことができるという「表現の豊かさ」は，自由英作文で採点の対象となっている。

このあとの STEP 3 に取り組むときも、「あー、ここはこんなふうに "書き換えた" のか〜」という意識を大切にしよう。

STEP 3 要約英作文問題

では、次の文章を問いの条件にあわせて要約してみよう。制限時間は【20分】、では、スタート！

問題 1

【問題文】

Your teacher has asked you to read the following passage and summarize what the writer says about space tourism. Your summary should be one paragraph of about 70 words.

Humans have always dreamed of traveling to space and exploring the unknown beyond our planet. Thanks to advances in technology, this dream is becoming more of a reality than ever before. Recently, people have been discussing the idea of space tourism.

People who are for space tourism say that it would offer experiences that are not possible on Earth. For example, people could experience weightlessness, see the Earth from space, and visit other planets. These experiences could spark an interest in science and technology. Furthermore, if private companies like SpaceX and Blue Origin can make a lot of money from space tourism, the money could be used to support more space exploration. This, in turn, could help find a new planet that humans could potentially inhabit in the future.

However, some people are concerned about the risks associated with space travel. In the past, there have been accidents, and about 5% of all astronauts who traveled to space lost their lives during their missions. Additionally, some people claim that space tourism could lead to the wastage of precious resources on Earth and the dumping of garbage in space.

In conclusion, space tourism raises important questions about the future of space exploration and the role of private companies in it. As space tourism continues to develop, experts and policymakers will need to carefully consider the risks and benefits involved.

!POINT 論理展開ポイント

今回は要約問題だね。大学入試だけでなく資格試験でも出てくるこの問題，まず，そもそも**「要約とは何をすることで，どのようなことに気を付けなくてはいけないか」**から見ていこう。

●「要約」とは何をすることか

要約とは，「論旨・要点を短くまとめて表すこと」や「文章の要点をとりまとめること」だというのが辞書上の意味だ。つまり，要約をする際には，まず「要点」を明確にする必要があるということだね。

要点とは，これまでみんなが論理構成で整理してきた情報，その文章を成り立たせている骨組みのことをいうので，論理構成を意識できるようになったみんなにとってはそれほど難しいことではないはずだ。え，大丈夫だよね……？

● 要約する上で気をつけたいこと

さて，その上で，**何を「要点」としてカウントするか**，というのがとて

も重要になる。この点を十分考えない人が多いのだけれど，指定の字数・語数からある程度推測したり，採点基準上明確な場合はそれに合わせたりして，「必要な情報を取捨選択する」ことが必要になることは覚えておいてほしい。

では，今回のように「約70語」という指定がある場合には，いくつの「要点」があると想定したらよいだろう。

以前の授業の中で，**1センテンスが概ねどのくらいの語数になるのか**については触れたね。覚えているかな？

そう，**10～15語**だ。それをひとつの目安にして考えると，約70語という場合，「15語×5＝75語」くらいだろうから，概ね**5つの要点**を示す必要がありそうだね。

では，今回の文章に含まれている「5つの要点」はなんだろう。その観点から，問題文をもう一度段落ごとに見てみよう。

【第1段落】テーマ

　　Humans have always dreamed of traveling to space and exploring the unknown beyond our planet. Thanks to advances in technology, this dream is becoming more of a reality than ever before. Recently, people have been discussing the idea of space tourism.

〔日本語訳〕

　　人類は，宇宙へ旅立ち，地球の外にある未知の世界を探検することを常に夢見てきました。技術の進歩により，この夢はかつてないほど現実味を帯びてきています。最近，宇宙旅行が話題になっています。

【第 2 段落】賛成の理由（1・2）

People who are for space tourism say that it would offer experiences that are not possible on Earth. For example, people could experience weightlessness, see the Earth from space, and visit other planets. These experiences could spark an interest in science and technology. Furthermore, if private companies like SpaceX and Blue Origin can make a lot of money from space tourism, the money could be used to support more space exploration. This, in turn, could help find a new planet that humans could potentially inhabit in the future.

〔日本語訳〕

　宇宙旅行には，地球上ではできない体験ができる，というのが賛成派の意見です。例えば，無重力を体験したり，宇宙から地球を眺めたり，他の惑星を訪れたりすることができます。これらの体験は，科学や技術への関心を高めるきっかけになるかもしれません。さらに，スペース X 社やブルーオリジン社のような民間企業が宇宙旅行で大儲けすれば，その資金を宇宙開発の支援に回すことができます。その結果，将来，人類が住む可能性のある新しい惑星を見つけることができるかもしれません。

【第 3 段落】反対の理由（1・2）

However, some people are concerned about the risks associated with space travel. In the past, there have been accidents, and about 5% of all astronauts who traveled to space lost their lives during their missions. Additionally, some people claim that space tourism could lead to the wastage of precious resources on Earth and the dumping of garbage in space.

〔日本語訳〕

　しかし，宇宙旅行のリスクを心配する声もあります。過去には事故もあり，宇宙へ行った宇宙飛行士の約5％が任務中に命を落としています。また，宇宙旅行によって，地球の貴重な資源が浪費されたり，宇宙にゴミが捨てられたりする可能性があると主張する人もいます。

気づいたかな？ ここまでで，すでに「5つ」が出てきてしまっているね。

① テーマ
② 賛成の理由（1）
③ 賛成の理由（2）
④ 反対の理由（1）
⑤ 反対の理由（2）

　このあとには，「まとめ」の段落がきているけれど，これは要約に盛り込まなくてよいのかな？

【第4段落】まとめ

　　In conclusion, space tourism raises important questions about the future of space exploration and the role of private companies in it. As space tourism continues to develop, experts and policymakers will need to carefully consider the risks and benefits involved.

〔日本語訳〕

　結論として，宇宙旅行は，宇宙探査の将来や民間企業の役割について重要な問題を提起しています。宇宙旅行が発展していく中で，専門家や

> 政策立案者は，そのリスクと利益を慎重に検討する必要があるでしょう。

　もちろん語数に余裕があれば検討してもいい。でも，ここで重要なのは，「ほかの情報を削ってまで盛り込むべき情報なのか」を検討することだ。

　多くの人は，この検討をせず，とにかく書いてあることを全部書こうとしてしまう。それでは「要点」をまとめたことにならないんだ。

　その観点から見てみると，今回の【第4段落】は，「これからどうなっていくか色々考えていかないといけませんね」とまとめているだけで，新しい情報を今回の論理展開に加えているわけではなさそうだね。

　だとすると，他の大切な情報を削ってまで，これを"ねじ込む"必要はなさそうだ。

　要約をする際には，「その情報は今回の文字数の制約の中で不可欠な情報か」を考えて取捨選択する意識を持つようにしてね。

　「盛り込む意識」よりも，「削る意識」が多くの人に欠けているということは，何度でも繰り返しておきたいポイントだ。

　そうすると，今回の構成は次のようになるよね。

> ## 【解答】の構成
> 1. テーマ：技術の進歩により，宇宙旅行が現実のものとなりつつある。
> 2. 賛成の理由 (1)：（支持者は，）無重力や宇宙から地球を見るなどのユニークな体験ができ，科学や技術への興味を刺激する（と述べている）。
> 3. 賛成の理由 (2)：（また，）その収益は，居住可能な惑星を見つけるための宇宙探査の資金となり得る。

> ④ 反対の理由 (1)：（しかし，）宇宙旅行は危険であり，人命を奪う可能性もある。
>
> ⑤ 反対の理由 (2)：（さらに，）宇宙旅行は，資源の枯渇や廃棄物の不適切な処理によって，地球や宇宙での環境破壊を引き起こす可能性がある。

要約の仕方の "要点"，理解できたかな。では，**構成をもとに英文を書いてみよう。**

問題 1 【解答例】

　Space tourism is becoming a reality thanks to technology. Supporters say it provides unique experiences like weightlessness and seeing Earth from space, stimulating interest in science and technology. Also, profits could fund space exploration to find habitable planets. However, space travel can be dangerous and can cost human lives. Additionally, space travel can cause environmental damage on Earth and in space through depleted resources and improperly disposed of waste. (69 words)

〔日本語訳〕

　技術の進歩により，宇宙旅行が現実のものとなりつつあります。支持者は，無重力や宇宙から地球を見るなどのユニークな体験ができ，科学や技術への興味を刺激すると述べています。また，その収益は，居住可能な惑星を見つけるための宇宙探査の資金となり得ます。しかし，宇宙旅行は危険であり，人命を奪う可能性もあります。さらに，宇宙旅行は，資源の枯渇や廃棄物の不適切な処理によって，地球や宇宙での環境破壊を引き起こす可能性があります。

　かなり手間のかかる方法だけれど，こんなふうに日本語でまとめてしまってから和文英訳するのも，"抜き書き"にならず書き換える方法としては有効だ。

　もとの英文をあまりにも"見つめすぎる"と，どうしても似た英文になってしまう。そんなときにいったん内容を日本語で整理することで，「もとの英文から少し距離をおく」ことが役立つわけだね。

　とはいえ，いずれにしても要約問題を解く際の前提は，「もとの英文が正しく読めること」であることは間違いない。

　では，感覚がつかめたところで，もう1問取り組んでみよう。**「わかる」と「できる」の間には超えるべき壁がある**んだ。

　さぁ，やってみよう！

問題2

【問題文】

Your teacher has asked you to read the following passage and summarize what the writer says about the Internet. Your summary should be one paragraph of about 70 words.

　Since the Internet came into our world, our lives have changed dramatically. It has enabled us to do things we could not do before and has changed the way we relate to others. We are now increasingly using the Internet to communicate.

　This has great benefits. For example, it is a safe way to talk with others who have infections or other illnesses that prevent them from talking face-to-face. Many people feel lonely when they are hospitalized. In such a state of mind, it is difficult for people to focus on their treatment. Talking over the Internet can help these people recover more quickly. In addition, unlike regular phone calls, Internet communication allows us to share photos and videos. These allow the recipient to better understand what is happening.

On the other hand, there are those who are concerned about this situation. People have become so accustomed to interacting with each other over the Internet that they rarely have the opportunity to meet in person. As a result, some people have become too nervous to talk face-to-face and find it stressful to meet people in person. Also, people may misunderstand what others are saying when we are communicating using only texts on the Internet. This can lead to tragic incidents.

There is no doubt that the Internet is now an indispensable part of our lives. It is important that we make an effort to become better users of this great tool.

できたかな？ では，まずは**構成から見てみよう。**

【解答】の構成

1 テーマ：インターネットは，私たちのコミュニケーションの仕方を大きく変えた。

2 賛成の理由(1)：(これにはいくつかの利点がある。) インターネットを使うことは病気の人にとって，顔を合わせずに会話ができるようになり，その結果，回復が早くなるという点で有益だ。

3 賛成の理由(2)：(また，) 写真や動画を共有しながらコミュニケーションをとることは，相手がより理解しやすくなることに役立つ。

4 反対の理由(1)：(しかし，) インターネットを使いすぎると，顔を合わせるのが不安になってしまうこともある。

> **5** 反対の理由 (2)：（さらに，）文字だけのコミュニケーションでは，
> 深刻な誤解が生じる可能性もある。

　問題文のどの部分が要約のどの部分と対応しているか，今のみんななら
わかるんじゃないかな。

　では，**解答例を確認してみよう。**

問題 2【解答例】

　The Internet has changed how we communicate. There are some advantages to this. Using the Internet is beneficial for those with illnesses as it enables them to talk without face-to-face contact and, as a result, makes them recover more quickly. Also, sharing photos and videos as we communicate online helps the recipient understand better. However, using the Internet too much could result in some people feeling nervous about meeting face-to-face. Besides, serious misunderstandings could occur from text-only communication. (78 words)

〔日本語訳〕

　インターネットは，私たちのコミュニケーションの仕方を大きく変え
ました。これにはいくつかの利点があります。インターネットを使うこ
とは病気の人にとって，顔を合わせずに会話ができるようになり，その
結果，回復が早くなるという点で有益です。また，写真や動画を共有し
ながらオンラインでコミュニケーションをとることは，相手がより理解
しやすくなることに役立ちます。しかし，インターネットを使いすぎると，
顔を合わせるのが不安になってしまうこともあります。また，文字だけ
のコミュニケーションでは，深刻な誤解が生じる可能性もあります。

さぁ，今回は，**解答例**中の赤字になっている部分に注目しながら，要約する上で大切なことをさらに説明していこう。

！ 論理展開ポイント

今回取り上げるのは，**解答例**の中に赤字で示した部分の役割だ。

これらは，それぞれの情報がどのような論理的な役割を持っているかを示しているんだね。こうした表現を使うことができることは，要約をする上でとても重要なんだ。なぜだかわかるかな？

これまで見てきたように，要約は「要点を明確にすること」がまずはとても大切だ。

ただ，だからといって要点を「箇条書き」のように並べるだけでは，もとの英文の論理展開が十分に伝わらず，よい要約にはならない。要約は，「それぞれの情報がどのように組み合わされて論理が成り立っているのかまでしっかりと示す」必要があるということだ。

「"それっぽい"部分を抽出してテキトーに表現を変えて書く」というようなことをいくら繰り返しても要約にはならない。もとの文章を読みながら論理構成を分析し，与えられた語数の中で触れるべき情報を選び出し，準動詞などの文法も活用しながら適切に書き換え，**各情報の論理的な関係性が伝わるように配慮しながらつなげていく**ことで，要約は"ようやく"完成するんだ(笑)。

こうしたプロセスを通じて，みんなの論理に対する意識は一層磨かれていくことになる。出題者はまさにそういった効果を狙って(そういった力を示してほしくて)こうした問いを投げてくるわけだね。

簡単ではないけれど，小手先のテクニックに頼らない，真っ向勝負の解答ができるようになろう。

なお，5文目 However, using the Internet too much could result in some people feeling nervous about meeting face-to-face.「しかし，インターネットを使いすぎると，顔を合わせるのが不安になってしまうこともあります」では，some people が動名詞 feeling の意味上の主語になっているね。

直前の **"result in A"** は「A という結果になる」という意味なんだけど，大事なことは，この "A" が，前置詞 in に続く名詞として働いていなくてはならないということなんだ。

え？ 名詞だったら some people がすでにあるって？ なかなか良い指摘だね。でも，「"（一部の）人々" という結果になる」なんていう文で意味が通じるかな？ そう，今回の "A" は「"不安を感じる" という結果になる」となっていなくてはならないわけだね。

そのため，「前置詞の後ろに置ける準動詞」として，**動名詞の feeling が必要**だということになる。この準動詞は，**動詞ではないけれど意味の上では主語がある**ので，「意味上の主語」と呼ばれるのだったね。

"イミジョーノシュゴ" なんて記号や暗号のようにとらえるのではなく，どうしてそう呼ばれているのかを考えることで準動詞学習上のポイントが頭から抜けにくくなるよ。しっかりと理解して記憶にとどめていこう。

では，問題文の訳も載せておくので復習しておいてね。問題文の内容がどう書き換わっているかも確認しよう。

もちろん，今回の文法テーマである準動詞がどう活躍しているかにも注目だ。

インターネットがこの世界に登場して以来，私たちの生活は大きく変化しました。インターネットは私たちがこれまでできなかったことを可能にし，私たちの人との関わり方にも変化させています。私たちは現在ますますインターネットを使って他者とコミュニケーションをとるようになっているのです。

　　これには大きなメリットがあります。たとえば，感染症やその他の病気で顔を合わせて話すことができない場合にも安全に話すことができます。入院などをしている場合には多くの人が孤独を感じます。そうした精神状態では人々は治療に集中することが難しくなります。インターネットを使って話すことでこうした人がより早く回復することが可能になるでしょう。さらに，通常の電話と異なり，インターネットでのやりとりでは，私たちは写真や動画なども共有することができます。受け取った相手はこれらを通じて何が起こっているのかよりよく知ることができるのです。

　　一方でこうした状況を心配する人たちもいます。人々はインターネットでのやりとりに慣れすぎてしまい，実際に会う機会をあまり設けなくなりました。この結果，一部の人たちは面と向かって話すと緊張してしまい，話せなくなってしまったり，人に直接会うことにストレスと感じるようになってしまったりしています。また，インターネット上で文字だけでのやりとりをすることで人々は相手の言っていることを誤解してしまうこともあります。こうしたことが悲劇的な事件に繋がってしまうこともあるのです。

　　インターネットがもはや私たちの生活に欠かせないものであることは疑いのないことです。私たちがこの素晴らしい道具のより良い使い手になれるように努力していくことが重要なのです。

　今回は準動詞を文法項目として扱いながら，書き換えの仕方を学び，要約について理解を深めてもらったね。

　今までなんとなく取り組んでいた要約問題が，理屈を伴ってわかったのではないかな。

　そうして正しく理解すると，これまで大切にしてきた構成を考える意識が，ここでも必要になることが実感できたのではないかと思う。

　「構成してから書く意識」はここでも活躍するものだ。これからも何度も繰り返して定着させていってね。

✓ 重要語句チェック

- [ ] summarize　動「要約する」
- [ ] summary　名「要約」
- [ ] unknown　名「未知の世界」
- [ ] advance　名「進歩」
- [ ] weightlessness　名「無重力」
- [ ] spark　動「刺激する」
- [ ] potentially　副「もしかすると」
- [ ] inhabit　動「住む」
- [ ] astronaut　名「宇宙飛行士」
- [ ] mission　名「任務」
- [ ] wastage　名「浪費」
- [ ] resource　名「資源」
- [ ] garbage　名「ゴミ」
- [ ] in conclusion　句「結論として，要するに」
- [ ] exploration　名「調査，探検」
- [ ] role　名「役割」
- [ ] space tourism　名「宇宙旅行」
- [ ] explore　動「探検する」
- [ ] planet　名「惑星，地球」
- [ ] technology　名「技術」
- [ ] furthermore　副「さらに」
- [ ] risk　名「危険（性）」
- [ ] additionally　副「さらに」
- [ ] precious　形「貴重な」
- [ ] dump　動「捨てる」
- [ ] policymaker　名「政策立案者」

□ benefit　名「利益」

□ thanks to ～　句「～のおかげで」

□ supporter　名「支持者」　　　□ provide　動「提供する」

□ stimulate　動「刺激する」　　□ habitable　形「居住可能な」

□ cause　動「引き起こす」

□ environmental damage　名「環境破壊」

□ deplete　動「激減させる」　　□ improperly　副「不適切に」

□ dispose of ～　句「～を処分する」

□ dramatically　副「大きく，劇的に」

□ enable O to *do*　句「O が…することを可能にする」

□ infection　名「感染症」　　　□ illness　名「病気」

□ prevent O from ～ing　句「O が…するのを妨げる」

□ hospitalize　動「入院させる」

□ focus　動「集中する」　　　　□ treatment　名「治療」

□ recover　動「快復する」　　　□ quickly　副「早く」

□ in addition　句「さらに」　　□ recipient　名「受取人」

□ on the other hand　句「一方，他方では」

□ accustomed　形「慣れた」　　□ opportunity　名「機会」

□ nervous　形「緊張した」　　　□ stressful　形「ストレスの多い」

□ misunderstand　動「誤解する」

□ tragic　形「悲劇的な」　　　　□ incident　名「事件」

□ doubt　名「疑い」　　　　　　□ indispensable　形「欠かせない」

□ advantage　名「利点」　　　　□ beneficial　形「有益な」

□ online　副「オンラインで」　　□ besides　副「その上」

□ occur　動「生じる」　　　　　□ text-only　形「文字だけの」

意見論述問題②〈架空の設定を与える問題〉

仮定法

　今回は架空の設定での意見論述問題を扱います。ということは，文法のテーマは……そう，「仮定法」です。仮定法は，英作文の中でどんな意図をもって使うものなのか，悩む人が多い項目だね。でも，仮定法が上手に使えると，表現の幅がグッと広がるんだ。また今回は，これまた多くの人が悩む「時間配分」についても詳しくお話しするよ。

STEP1　四択英文法問題

　次の各問題の空所に入れるのに最も適当な語句を，①～④のうちから１つ選びなさい。

(1) I wish Shohei Ohtani (　　　　　　　　) my elder brother.

① is　　　　　　　　　　② will be

③ were　　　　　　　　　④ can be

(2) I would have helped him if I (　　　　　　) time.

① had　　　　　　　　　　② would have had

③ have　　　　　　　　　　④ had had

(3) Without language, we humans (　　　　　　) a normal life, even for a day.

① will not live　　　　　　② could not live

③ don't live　　　　　　　④ were not

(1) ③ （大谷翔平が僕の兄だったらなあ）

　〈wish ＋仮定法〉という "ルール" として覚えているのではないかな。でも，どうして「wish のあとに仮定法がくる」のか，説明できるかな。【仮定法】とは，事実とズレた内容を述べるときに，述べている内容の時制から動詞を 1 つ分過去のかたちにズラすことで表現するものだ。

　つまり，「現在の内容」から「ズレた内容」を述べる際には過去形のかたち（-ed など：仮定法過去と呼ぶ）に，「過去の内容」からズレた内容を述べる際には過去完了形のかたち（had ＋過去分詞：仮定法過去完了と呼ぶ）に，それぞれ動詞のかたちを変えればいいということだね。

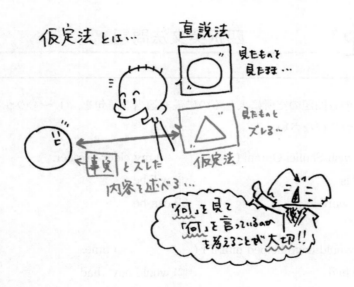

　そうすると，なぜ〈wish ＋仮定法〉なのかわかったんじゃないかな？wish は神様に願うような意味での「願う」だ。そういった願い事は……そう，「事実とズレた内容」になるね。だから，解答は③だ。

　あと，仮定法で be 動詞の過去形を使う場合（仮定法過去）には，主語に関係なく were を使うのが基本だと，まずは考えておけるといいね。

(2) ④（時間があったら彼を助けただろう）

この問題は「ifを使った仮定法」の問題だ。これまた，If ..., S {would / could / might} .... というような "ルール" として覚えているかもしれないね。

ただ，やはりここも「理由」を知っておこう。大切なことは，条件節（ifが付いている節）と帰結節（主節のこと。ifが付いていないほうの文）の論理的な関係性に着目することなんだ。

その名のとおり，条件節は主節の内容を述べるための前提となる条件を述べている。

そうすると，前提となっている条件が「事実とズレた内容」で仮定法を使っている場合，それを「土台」にして導かれる結論（帰結節）は通常，「事実とズレた結論」となることが理解できるよね。

また，そういった「仮定の条件」に基づいて述べる結論は，「推測する内容」になることが多くなるから，would / could / might のような助動詞が必要になる。そうすると，みんなが覚えた "ルール" の理由が見えてくるね。

では，改めて問題を見てみよう。このタイプの問題でまず確認するべきなのは，「見えているほう」，つまり今回なら帰結節（主節）だ。if が付いていないほうだね。

　動詞のかたちが"would have helped"となっている。このかたちは「過去完了」のかたち，つまり「過去の内容」に対して，そこからズレた内容を述べる場合の動詞のかたちだ。

帰結節が「過去の内容」について述べているならば，その「前提条件」となる条件節は，それよりも「前の内容」だということだね。

　ということは，条件節も「過去の内容」について述べているということになる。つまり，過去からズレたかたち，過去完了にする必要があるわけだ。ゆえに④が正解だ。

　"had had"というかたちが気持ち悪かったかもしれないけれど，〈had（完了形を示す have）＋ had（have の過去分詞）〉でこうなっているだけだね。

(3)　②（言語がなかったら，私たち人間は1日でさえもふつうに暮らしていけないだろう）

　文頭の"Without language"が，「言語がなかったら…」という**現在の事実からズレた前提条件**を示していることに気づけたかな。

　こんなふうに，if 節を使わなくても仮定法を用いるべき状況を作ることは可能なんだ。今回は帰結節（主節）の動詞を選ぶ必要があるので，助動詞を用いた，そしてもちろんかたちを"過去"にズラしたものが入った表現を使おう。よって②が正解だ。

　なお，この"Without language"の部分を"if it were not for A"の表現で「書き換える」ことができることも，押さえておこう。

　今回の文は，"**If it were not for language**, we humans could not live a normal life, even for a day." と書くこともできるということだ。

　〈前置詞＋名詞〉のカタマリ（前置詞句）を，**if S′ V′** という接続詞 if から

はじまるカタマリ（if 節）に書き換えたわけだね。「書き換え」を貪欲に学んでいく意識，忘れてないよね？

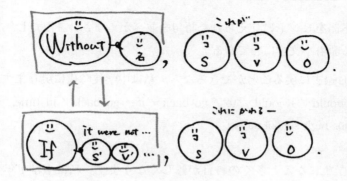

　次の話に進もう。この問題の "Without language, we humans could not live a normal life, even for a day." という文は，どんなことを伝えたいときに使うべきか，イメージできているかな。

　この文は，「言語がなかったら，私たちはふつうの暮らしができない」ということを伝えているわけだけれど，こう書くことによって言いたいのは，「それほどに言語は大切だ［重要だ］」ということだね。

　このように，仮定法は自分の主張に説得力をもたせるために使えるんだ。つまり，「それ」がなかったら……と「理由をサポート」するときに用いることのできる表現だということだ。例文や表現を学んだら，それがどんな場面で，どんなことが言いたいときに使えるかということまで学んでおこう。

　仮定法の基本は以上です。では，語句整序問題にチャレンジしてみよう。

STEP2ライティング　　　　　　　　　　　語句整序問題

　　日本語をヒントに与えられた語句を並べかえなさい。ただし，文頭
にくる語も小文字にしてある。

(1) もし過去に戻ることができるなら，私は中学校時代に戻ります。
　（ I would / I could / to / go back / if / go back / in time, / my
　junior high school days ）.

(2) 中学生になると多くの科目が難しくなります。私は中学1年生の
　ときに数学がわからなくなってしまい，今も数学が苦手です。
　Many subjects get more difficult in junior high school. (began / not /
　to struggle / math / very good at / in / with / the seventh grade /
　I / and I am still / it).

(3) もしあのときに戻ることができたら，もう一度数学を勉強しなお
　したいです。
　（ I / if / I / study / go / back / to / all over again / could / would /
　math / that time, ）.

(1) If I could go back in time, I would go back to my junior high
school days.

　復習も兼ねて，ていねいにいこう。語句整序問題を解く際には，「語句の
サポートを得て英作文している意識」で取り組めるといいんだったね。

　そのために，まずは日本語を確認し，述語（動詞）などに注意しながら，
いくつの「SV関係」が存在しているのか，どう組み合わされているのかを
確認するところがスタートラインだ。

今回は，①「私は過去に戻ることができる（仮定法）」という文と，②「私は中学校時代に戻る（仮定法）」という２つの「SV 関係」が存在している。

まずは１文ずつ文を組み立て，それから全体を組み上げていくことを意識しよう。

まずは次のような２つの文を作ろう。

---

① 私は 過去に戻ることができる。（仮定法）

I could go back in time.

② 私は 中学校時代に戻る。（仮定法）

I would go back to my junior high school days.

今回は①の部分が条件節になるのだから，これが解答になるね。

(2) I began to struggle with math in the seventh grade and I am still not very good at it.

(1) と同じ手順で確認すると，今回は①「私は中学１年生のときに数学がわからなくなってしまった」と②「（私は）今も数学が苦手だ」の２つの文でできている。

①は過去形で，②は現在形であることも意識を向けようね。そうすると，次のように書けるね。

---

① 私は 中学１年生のときに数学がわからなくなってしまった。

I began to struggle with math in the seventh grade.

② （私は）今も数学が苦手だ。

I am still not very good at it.

ちゃんと, ①の began が過去形, ②の am が現在形になっているね。もちろん, **struggle with *A*** 「A で悪戦苦闘する, 苦しむ」という表現や, *be good at A* 「A が得意である」という表現は押さえておこう。

これら 2 つを接続詞の and でつなげば正解となる。

そうそう, 今回の問題の文章が,「中学生になると多くの科目が難しくなる」と一般論を述べ, その上で「私は中学 1 年生のときに…」と自己の経験を述べていることに気づいたかな。こういう【抽象と具体】の展開は, ライティングをする際にいつも大切にしておこう。

(3) If I could go back to that time, I would study math all over again.

今回は①「(私は) あのときに戻ることができる (仮定法)」と, ②「(私は) もう一度数学を勉強しなおしたい (仮定法)」という 2 つの文からできあがっている。

解答する際には, 日本語を確認し, 何を S にするか, 何を V にするか, どの文型になりそうかを考えよう。

---

① (私は) あのときに戻ることができる。(仮定法)

  I could go back to that time.

② (私は) もう一度数学を勉強しなおしたい。(仮定法)

  I would study math all over again.

これを, if を使ってひとつにすれば解答になるね。all over again 「もう一度」の表現はここで覚えてしまおう。

数学を勉強しなおしたいっ!!
うゎーん!!

STEP3   自由英作文問題

では，次のテーマで文章を書いてみよう。しっかりと構成をしてから書くことを忘れずにね。制限時間は【20分】，では，スタート！

> **問題 1**
>
> この世から突然インターネットがなくなってしまったら，世界はどうなってしまうと思いますか。あなたの考えを100語程度の英語で書きなさい。
>
> 〈産業医科大学　2023年〉

できたかな？　今回の問題は，「もしこの世からインターネットがなくなったら世界に何が起きるか」というテーマについて，**自分の意見を述べる**内容だね。

もちろん現在，「世界にはインターネットが存在している」わけで，それと「ズレた内容」を述べるのだから，仮定法を使うことになる。

こうした文章を書く際には，**仮定法を使うべき文と使わずに書くべき文の使い分け**にも気をつけたいところだ。

さて，今回は少し違った角度からポイントを説明してみよう。今回のテーマは「時間配分」だ。これまでの授業で，みんなは【20分】の制限時間をどのように使ってきただろうか。その点に注目してみたいと思う。

【自由英作文の時間配分】

これまで見てきたように，自由英作文の答案作成には，

---

① アイデアを出す

② 論理構成をする

③ 書く

④ 見直す

という４つの段階が存在している。そうして，「構成をしてから書く」というのが自由英作文答案作成の鉄則だ。では，各段階でどのくらいの時間をかけるのか（かけていいのか），見ていこう。

①アイデアを出す【5分】

▶ 開始〜30秒：問題の意図をつかむ

まずは**問いが求めていることを把握**する<ruby>把握<rt>はあく</rt></ruby>することが大切だよ。

例えば今回の問題であれば，

この世から突然インターネットがなくなってしまったら，世界はどうなってしまうと思いますか。あなたの考えを100語程度の英語で書きなさい。

と書いてあるのに，勝手に，「この世界から突然インターネットがなくなってしまうということに賛成ですか反対ですか」と解釈してしまう人は，実はけっこういる。

　"賛否" ではなく "どうなるか" が問われているということ，制限語数が100 語程度であるということはしっかりと押さえよう。

▶ 30秒〜5分：アイデア出し

問いを正確に理解したら，アイデアを出していこう。頭の中にある「書けそうなこと」をどんどん書き出していくんだ。

この作業をグループで行うことを「ブレインストーミング」と呼んだりするけれど，これを1人でやるイメージだね。

頭の中にいるたくさんの君に発言をさせよう。

アイデア出しで重要なことは，とにかくなんでもいいからアイデアを出していくことだ。いいアイデアであるかどうかは関係ない。最終的にアイデアは絞っていくことになるので，まずは，ちょっと重複しているものも，しょーもないものも，どんどん書き出していこう。

なお，この作業は頭の中だけでやるのではなく，実際に手を動かして書き出したほうがいいんだ。この「どんどん書く」ことも，ライティングのトレーニングの一環（いっかん）だと考えてやってみてね。

例えば，「インターネットがあることでの問題」を思いつくままに書き出すと，次のようになるかもしれない。

- 勉強時間がなくなる
- YouTube ばかりみてしまう
- オンライン上のマンガばかり読んでしまう
- 個人情報が流出する
- 炎上する
- スマホゲームをやりすぎてしまう
- 犯罪に巻き込まれる
- スマホゲームに課金しすぎてしまう
- フィッシング詐欺（さぎ）に引っかかってしまう

　このうち，スマホゲームに関するものなどは，「スマホがあることでの問題」と呼ぶべきものだね。

　だけど，そういったことはあとで考えたらいい。こうして出てきたアイデアの中から**書けそうなものを選んだり**，いくつかの**アイデアをまとめたり**（「炎上する」と「中傷される」はまとめられるかな，など），複数のアイデアに**抽象・具体の関係性を見つけたり**（「勉強時間がなくなる」という主張の具体化として「YouTubeばかりみてしまう」や「オンライン上のマンガばかり読んでしまう」が使えるかな，など）していくことになる。

　このパートのスピードは訓練が必要な場合も結構あるので，意識的に練習しようね。

②論理構成をする【5分】

　その上で構成をしていくわけだ。ここからは，これまで取り組んできた部分だね。

　では，どのような構成で書くことができるかアウトラインを見てみよう。

　今回は「100語程度」という指定語数だから，1センテンス15語前後と考えると，概ね5〜6センテンスで自分の主張をまとめる意識があればいいね。

【解答】の構成

1 主張：この世から突然インターネットがなくなってしまったら，世界は今よりも平和になる。

2 理由①：第一に，インターネットは多くの争いの原因となっているからだ。

3 具体化①：オンライン上で自分の名前を明かさずに他者とやりとりをすることによって，人はより簡単にだれかを攻撃することができるようになった。

4 理由②：第二に，インターネットが多くの新しい犯罪を生んでいるからだ。

5 具体化②：例えば，私たちがソーシャルメディアなどを通じて発信する情報が私たちの住む場所や行動パターンを教え，犯罪者に利用されてしまうことも増えている。

6 まとめ：インターネットがなくなれば，少なくともこうしたことはなくなる。

もちろん，【抽象と具体】の意識を忘れずに。

③書く【8分】

英文を書く際のスピードの目安は，【1センテンス＝1分】だ。もちろん長さにもよるけれど，あまりにも時間がかかりすぎている場合には，例文のインプット量などが足りていないということが考えられる。

今回は6文なので，厳密に言うと6分で書き終わってほしいのだけれど，長い1文などは余計に時間がかかることもあるし，余裕をもって8分を割り当てることにしよう。

無理だー！　と思うかもしれないけれど，書くことが決まっている状態であれば，決して不可能ではない。

【1 センテンス＝ 1 分】がとてつもない速さに感じてしまうのは，たいていの場合，「考えながら書いている」からなんだ。**きちんと進むべき方向を決めてから走り出すことが大切**だよ。

つまり，開始から 15 分経過時点で……

If the Internet suddenly disappeared from this world, the world would be more peaceful than it is now. First, the Internet is the cause of many conflicts. By communicating with others online without revealing one's name, one can more easily attack someone. Second, the Internet is giving birth to many new crimes. For example, the information we transmit through social media is increasingly being used by criminals to tell them where we live and what our behavior patterns are. ...

このくらい書けていれば順調だということだね。

④見直す【2 分】

最後に，**語数は条件に合っているか，文法的なミスはないか**，また**簡単な修正で改良できる部分はないか**，確認する。

ここまでできたら大きな修正は行わず，細部の見直し・修正に留めるようにしようね。

こうして見事【20 分】で模範解答を作成することができたわけだけれど，アイデアを出したり構成したりする時間が全体の半分程度を占めているということに，驚いた人も多いんじゃないだろうか。

「何を書くか，どう書くか」を考えることは，「書く」というステップと

同じくらいに重要だということなんだ。

では，最後に**解答例**を確認しておこう。

問題1【解答例】

　If the Internet suddenly disappeared from this world, the world would be more peaceful than it is now. First, the Internet is the cause of many conflicts. By communicating with others online without revealing one's name, one can more easily attack someone. Second, the Internet is giving birth to many new crimes. For example, the information we transmit through social media is increasingly being used by criminals to tell them where we live and what our behavior patterns are. If the Internet were eliminated, at least, these things would cease to happen. (92 words)

〔日本語訳〕

　この世から突然インターネットがなくなってしまったら，世界は今よりも平和になると思います。第一に，インターネットは多くの争いの原因となっているからです。オンライン上で自分の名前を明かさずに他者とやりとりをすることによって，人はより簡単にだれかを攻撃することができるようになりました。第二に，インターネットが多くの新しい犯罪を生んでいるからです。例えば，私たちがソーシャルメディアなどを通じて発信する情報が私たちの住む場所や行動パターンを教え，犯罪者に利用されてしまうことも増えています。インターネットがなくなれば，少なくともこうしたことはなくなるのです。

　1文目の If the Internet suddenly disappeared from this world, the world would be more peaceful than it is now.「この世から突然インターネットが

なくなってしまったら，世界は今よりも平和になると思います」は，「世界にはインターネットが存在する」という事実と「ズレた内容」になっているため，仮定法で表現できるのだったね。帰結節（主節）の動詞は，will be ではなく would be となることに注意しよう。

さて，次に，**今回のテーマで，150 語程度で書く場合**について考えてみよう。1 センテンスは概ね 10 ～ 15 語が目安なのだから，3 ～ 4 センテンス分増えるだけだったね。100 語の文章にどんな文を加えていくのか考えながら取り組んでね。

では問題を改めて示しておこう。

問題 2

> この世から突然インターネットがなくなってしまったら，世界はどうなってしまうと思いますか。あなたの考えを 150 語程度の英語で書きなさい。

できたかな？ では，早速**解答例**を確認してみよう。

赤字になっている部分が，**問題 1** の解答から追加した文だよ。4 センテンス増えただけ，ということだね。

問題 2【解答例】　　　　　　　　　　　　　　

> If the Internet suddenly disappeared from this world, the world would be more peaceful than it is now. First, the Internet is the cause of many conflicts. By communicating with others online without revealing one's name, one can more easily attack someone. If the Internet ceased to exist, someone would no longer be able

to hurt someone else without showing their face. There is no doubt that the world would then be more peaceful than it is today. Second, the Internet has given birth to many new crimes. For example, the information we transmit through social media is increasingly being used by criminals to tell them where we live and what our behavior patterns are. Moreover, criminals are increasingly gathering other criminals through the Internet and committing crimes in groups. This happens because the Internet connects everyone, no matter where they are. If the Internet were eliminated, this would, at least, cease to happen. (154 words)

では，**問題1**の**解答例**からどのような文が足されているだろうか。**構成を確認してみよう。**

【解答】の構成

1 **主張**：この世から突然インターネットがなくなってしまったら，世界は今よりも平和になる。

2 **理由①**：第一に，インターネットは多くの争いの原因となっているからだ。

3 **具体化①-1**：オンライン上で自分の名前を明かさずに他者とやりとりをすることによって，人はより簡単にだれかを攻撃することができるようになった。

4 **具体化①-2**：インターネットが存在しなくなれば，顔が見えない状態でだれかがだれかを傷つけることがなくなるはずだ。

5 **具体化①-3**：そうなれば世界が今よりも平和になることは疑いのないことだ。

|6| **理由②**：第二に，インターネットが多くの新しい犯罪を生んでいるからだ。

|7| **具体化② -A**：例えば，私たちがソーシャルメディアなどを通じて発信する情報が私たちの住む場所や行動パターンを教え，犯罪者に利用されてしまうことも増えている。

|8| **具体化② -B$_1$**：さらに，犯罪者同士がインターネットを通じて仲間を集め，集団で犯罪を行うことも増えている。

|9| **具体化② -B$_2$**：これはインターネットがすべての人をどこにいてもつないでしまうからこそおきることだ。

|10| **まとめ**：インターネットがなくなれば，少なくともこうしたことはなくなる。

論理展開ポイント

語数を増やすメソッド③：具体例を増やす

　まず|8|と|9|からみていこう。この「語数の増やし方」はわかりやすいね。シンプルに**具体例を増やした**ということだ。

> Moreover, criminals are increasingly gathering other criminals through the Internet and committing crimes in groups. This happens because the Internet connects everyone, no matter where they are.

　ただ，この具体例の追加をする際に気をつけたいのは，「系統」の異なる具体例を挙げるということだ。

　例えば，この|8|の部分にもう１つ「私たち」を主語にしたような「身近な」，同系統の具体例を挙げるよりも，今回のように，「社会的な」，具体例にしたほうが説得力は増すことになる。

「個人的な例」，「身近な例」，「社会的な例」という感じにさまざまなレベルでの具体化がなされることで，理由はより説得力を増すことになるわけだね。

というわけで，【具体例を重ねる場合はレベルを変える】ことはポイントとして押さえておこう。

▶ 語数を増やすメソッド④：「推論する余地」をなくす

さて，続いて4と5の部分に着目してみよう。この部分の展開は何をしているかわかるかな。

> If the Internet ceased to exist, someone would no longer be able to hurt someone else without showing their face. There is no doubt that the world would then be more peaceful than it is today.

端的に言ってしまうとこの部分は，「より丁寧に」記述をしているんだ。問題は，何をしたから「より丁寧に」記述したことになったのか，だ。

では，詳しく見てみよう。もともと2と3の部分の展開は，

> 2 第一に，インターネットは多くの争いの原因となっているからだ。
> 3 オンライン上で自分の名前を明かさずに他者とやりとりをすることによって，人はより簡単にだれかを攻撃することができるようになった。

となっている。理由として，「多くの争い」と抽象的に述べ，これを「他者を匿名で攻撃する」と**具体化している**ね。

100語程度しか書くことができない場合にはこれで終わっても仕方がないわけだけれど，実は，この展開は，「インターネットによって他者を匿名で攻撃することが起こっているんだな。<u>じゃあ，インターネットがなくな</u>

れば<u>こういったことはなくなるということか</u>」という下線部の情報を補うことを読み手に求めているんだね。

　ただ，論述する際には，「相手に読み取ってもらったり，察してもらったりするような書き方」はなるべく避けたほうがいいんだ。

　相手に「推測する余地を与えない」ほどの丁寧な論理展開が理想なわけだね。

　このように，【推測する余地を与えないほどに丁寧に書く】ということは，**英文を長くしていくためにも知っておきたいポイント**だ。

　今回はそのために，

---

　2 第一にインターネットは多くの争いの原因となっているからだ。

　3 オンライン上で自分の名前を明かさずに他者とやりとりをすることによって，人はより簡単にだれかを攻撃することができるようになった。

　4 インターネットが存在しなくなれば，顔が見えない状態でだれかがだれかを傷つけることがなくなるはずだ。

と，4の1文が置かれているんだね。さらに，ここに，

---

　2 第一にインターネットは多くの争いの原因となっているからだ。

　3 オンライン上で自分の名前を明かさずに他者とやりとりをすることによって，人はより簡単にだれかを攻撃することができるようになった。

　4 インターネットが存在しなくなれば，顔が見えない状態でだれかがだれかを傷つけることがなくなるはずだ。

　5 そうなれば世界が今よりも平和になることは疑いのないことだ。

という 5 の一文が加えられると，「この世から突然インターネットがなく
なってしまったら，世界は今よりも平和になる」という主張と提示した理
由がしっかりとつながるね。

　こうして「推測する余地を与えない」ようにしているわけだ。書くこと
がないと嘆く前に，こんなふうに今の論理展開のスキマを埋めるようにし
てみよう。

　なお，4文目 If the Internet ceased to exist, someone would no longer
be able to hurt someone else without showing their face. 「インターネット
が存在しなくなれば，顔が見えない状態でだれかがだれかを傷つけること
がなくなるはずです」も，「インターネットが存在する」という事実に反し
た内容だけど，**仮定法**を使えたかな。

　「もし○○だったら…」という条件がある場合には，そこから導かれる結
論には，「〜だろう，〜かもしれない，〜となり得る」というように "推測"
の意味合いが必要になるのが基本だと考えておくといいのだったね。

　その意味では "If ..., S {would / could / might} V...." という覚え方
が役に立つね。でも，覚えた内容の意味も考えるようにしようね。

　ただ覚えているだけにせず，「覚えた "これ" はなんなのか」まで理解し
ようとする姿勢は大切なんだ。

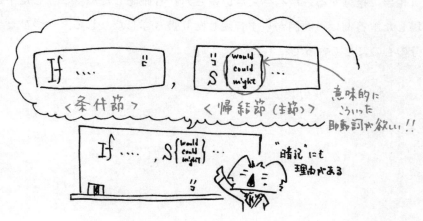

この世から突然インターネットがなくなってしまったら，世界は今よりも平和になると思います。第一にインターネットは多くの争いの原因となっているからです。オンライン上で自分の名前を明かさずに他者とやりとりをすることによって，人はより簡単にだれかを攻撃することができるようになりました。インターネットが存在しなくなれば，顔が見えない状態でだれかがだれかを傷つけることがなくなるはずです。そうなれば世界が今よりも平和になることは疑いのないことです。第二に，インターネットが多くの新しい犯罪を生んでいるからです。例えば，私たちがソーシャルメディアなどを通じて発信する情報が私たちの住む場所や行動パターンを悪意ある者に教え，犯罪に利用されてしまうことも増えています。さらに，犯罪者同士がインターネットを通じて仲間を集め，集団で犯罪を行うことも増えています。これはインターネットがすべての人をどこにいてもつないでしまうからこそおきることです。インターネットがなくなれば，少なくともこうしたことはなくなるのです。

　　今回は【仮定法】にスポットライトをあて，その基本から自由英作文内での使い方まで学んだね。**仮定法の「使いドコロ」**がイメージできたかな。

　　また，論理展開上のポイントとして「例を増やす際に意識するべきこと」や「相手に推論する余地を与えない書き方」も確認したね。こうした中で登場した解答例は，面倒がらず音読したり書き写したりして，一つひとつ自分のものにしていってね。

✔ 重要語句チェック

☐ disappear 動「消える」

☐ cause 名「原因」

☐ reveal 動「明かす」

☐ give birth to ～ 句「～を生み出す」

☐ crime 名「犯罪」

☐ social media 名「ソーシャルメディア」

☐ behavior 名「行動」

☐ cease to do[cease doing] 句「…することをやめる」

☐ moreover 副「その上，さらに」

☐ peaceful 形「平和な」

☐ conflict 名「対立，衝突」

☐ transmit 動「伝える」

☐ eliminate 動「除く」

第**6**講
Study 📖

イラスト・図表問題②
〈表・グラフ描写〉

比較

　今回扱うのは表・グラフに関する問題です。大学入試でも資格試験でも増加傾向にある問題だけど，実際に何をどうしたらよいのか，よくわからないまま放っておいている人も多いところだね。さまざまな種類の表・グラフの「特性」に触れながら，ポイントを確認していくことにしよう。

ライティング
STEP 1　　　　四択英文法問題

　次の各問題の空所に入れるのに最も適当な語句を，①〜④のうちから1つ選びなさい。

(1) Although the new teacher is young, she is (　　　　　　) than I.

　　① experienced 　　　　　② more experienced

　　③ experiencer 　　　　　④ more experience

(2) Your car is three times (　　　　　) my car.

　　① the size 　　　　　② as large than

　　③ as size as 　　　　　④ as large as

(3) The population of this city is (　　　　　).

　　① more than Nagoya

　　② as many as that of Nagoya

　　③ a little smaller than that of Nagoya

　　④ the largest city in Japan

(1) ②（その新しい先生は若いけれど，私よりも経験豊富だ）

　今回は**「比較」**について確認していこう。**「比較」**の学習と言われると，多くの人が，比較級であれば"モアザン"，原級（同等表現）であれば"アズアズ"といった感じで，合言葉のように覚えていたりする。

　それでは，英文を読んでいるときに「比較だな」と認識することはできても，書くことができないね。**書くことにつながる理解**を目指そう。

　そもそも僕たちはなぜ"比べる"のだろう。

　「はやい」や「重い」といった形容詞，「簡単に」や「上手に」といった副詞，こういった言葉は，いわば主観を表す言葉だね。こうした言葉の特徴は「相手に伝わりにくい」点にある。

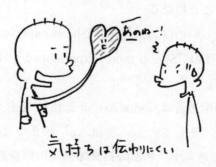

　比較をする１つの目的は，このように主観的な情報を，相手に伝わりやすくすることにある。だから，**「比較」を学習する際には，「形容詞・副詞を中心に」学ぶことが重要**なんだ。

　形容詞や副詞などの言葉になんらかの変化が起こることで，比較の表現ができあがっていくイメージ，つまり，「今まで学んできたふつうの文のどの情報にどんな変化が起きているかを考える」意識を大切にしてほしい。

　いつでも「ふつうの文」の延長線上に「比較の文」があるという意識を持とう。この感覚があると「書く」ことにつながっていくよ。

　その観点から見た場合，問題(1)の主節（メインの文）はもともと，次のような文だね。

```
She is experienced.
彼女は経験豊富だ。
```

ここで使われている experienced は形容詞だ。そうすると，この文に

```
She is more experienced.
彼女はより経験豊富だ。
```

という変化が起きることになる。

　ここで意識してほしいのは，元の文は "She is experienced." なのだから，more が加わっただけの "She is more experienced." は，文として成立しているということだ。

　どうしても多くの学習者は，more がくると than をすぐに置きたくなるようだけれど，than は（そして，"as … as …" の 2 つ目の as も）比較対象を置くための言葉に過ぎず，もとの英文の構造に影響を与えるものではないということが大切なんだ。

　では，than などの働きは何なのかというと，「前の文の情報と後ろの情報とをつなぎ，前の文と than の後ろで重複する情報を補う」働きをしているとイメージしておくとよい。そのため than や "as … as …" の 2 つ目の as のうしろでは，それ以前の文と重複する情報は代名詞になったり，書かれなかったりする。

　今回の文ならば，

```
She is more experienced than I (am experienced).
```

というふうに出来上がっているわけだ。

　選択肢③は，形容詞・副詞でない experience に比較級の変化である"−er"が付いているからおかしいね。

　さらに④も，元の文を考えれば，"She is experience." という文では成り立っておらず，そもそもおかしな文だとわかるはずだ。

(2) ④ （あなたの車は私の車の3倍の大きさです）

　「倍数表現」 が使われているね。倍数表現は，「○倍」を表す"○ times"を原級（as ... as ...）の前に置くことによって表すよ（2倍の場合には twice を使うのが基本）。

　今回は「3倍」なので"three times"となっている。この times は算数の"×"の意味だよ。例えば「3 × 3」ならば"three times three"と読むんだ。

　そうすると，③も④も"○ times as ... as ..."のかたちになっているから，どちらも正解になるかな。もちろん違う。

```
×③ Your car is size.
○④ Your car is large.
```

というように比較関係の表現を取り去ってしまった場合に，③は文としておかしいね。

　元々どんな文で，そこにどんな変化が起きているのか，考えられたかな？

　なお，倍数表現のこれ以外の表現方法として，今回の文ならば，

```
Your car is three times the size of my car.
```

と書くことも可能だ。

$$ \text{Your car} = 3 \times \boxed{\text{私の車のサイズ}} $$

と方程式のように考えるとイメージしやすいね。この書き方も押さえておこう。

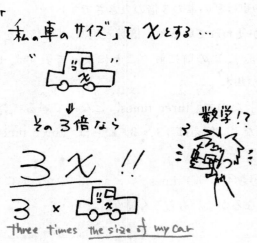

「私の車のサイズ」を x とする…

↓

その 3 倍なら

$3x$!!

3 × three times the size of my car

数学!?

3. ③（この街の人口は名古屋の人口よりすこし少ないです）

　①と④はなぜ選ぶことができないか，説明できるかな。①は，"the population of this city" と Nagoya を比べてしまっているね。「この街の人口」と比べるべきは，「名古屋」という都市そのものではなく，「名古屋の人口」でなくてはならない。そのため "that of Nagoya" とする必要がある。

　こんなふうに，比較対象部分で名詞の繰り返しを避けるときには，that[those] を使うことがよくある。

　④はどうかな。元の文を考えてみると，"The population of this city is a large city." という文では意味が成り立たないね。比較する前の文をしっか

り考えよう。

　なお，「人口」は "large / small" という形容詞で「多い／少ない」を表すということも覚えておこう。

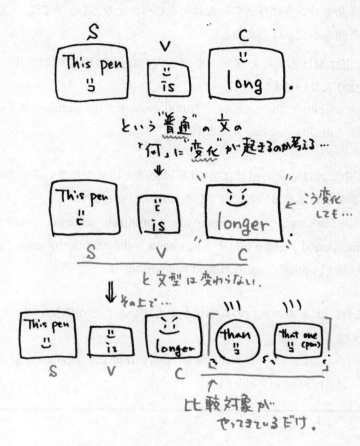

では，次に語句整序問題にチャレンジだ！

語句整序問題

　　日本語をヒントに与えられた語句を並べかえなさい。ただし，文頭にくる語も小文字にしてある。

(1) A市における現在のペットを飼う人の数は2010年の数に比べて10,000人多いです。

(pet owners / the number / 10,000 greater / the number of / is / than / in City A today / in 2010).

(2) A市における犬の頭数は2010年以降徐々に減少している一方で，同市の猫の頭数は同じ期間で急激に増加しています。

While (in City A / in the same city / gradually declining / over the same period / since 2010, / has been / the number of cats / the number of dogs / has increased dramatically).

(3) これにはA市の人口の高齢化が進んでいることが関係していると思います。

(getting / I think / is / the fact / this / that the population of City A / is / related to / older).

(1) The number of pet owners in City A today is 10,000 greater than the number in 2010.

文の中心は,

> Ａ市における現在のペットを飼う人の数は……多い。

このままの文だとちょっと変にはなってしまうけれど,

> The number of pet owners in City A today is great.

という文がスタートだ。ここに「10,000 人多い」という変化を加えると,

> The number of pet owners in City A today is 10,000 greater.

となる。

"10,000 greater" というふうに,比較級の前に数値を置くことで,「10,000 人多い」と表現できる。そのあとに比較対象を持ってくるための than を置き,"the number in 2010（2010 年の数）" を続ければ英文が書きあがるね。

than 以下では,"the number of pet owners in City A in 2010" とまで書く必要はない。比較をする際には,「何と何を比較しているかを明確にするために必要な分だけ」の情報を置けばいいんだ。

(2) (While) the number of dogs in City A has been gradually declining since 2010, the number of cats in the same city has increased dramatically over the same period.

長い文ではあるけれど，この文を構成している複数の文を書いて，それらを組み合わせる意識でいこう。今回の文には，

> ・A市における犬の頭数は 2010年以降 徐々に 減少している。
>
> ・同市の猫の頭数は 同じ期間で 急激に 増加している。

という2つの文が存在しているね。

　　　　で囲ってあるのがS（主語），下線部分がV（動詞）だとわかれば，文の構造は複雑ではないね。

　1つポイントとしてあげたいのが，赤字になっている部分だ。今回の文は，増加・減少の「変化」を説明している。

　そういった場合には，「変化の程度・様子」を示す表現が役立つよ。今回登場している gradually や dramatically などはよく登場するので，覚えておこうね。

(3) I think this is related to the fact that the population of City A is getting older.

　この文は「…と思います。」と終わっているので "I think (that) …" と始めることになる。そこはまずは問題ないだろうから，その先，つまり that 節（that からはじまるカタマリ）の中を確認していこう。

　その部分の日本語を確認してみると，

> これには [A市の人口の高齢化が進んでいること] が関係している。

となっている。SとVの確認はできたね。

134

```
This is related to [                    ].
```

ということになる。

ポイントは [　　] の部分だ。この部分には,

```
A市の人口の高齢化が進んでいる。
```

という文がもうひとつ入っている。これを「 A市の人口 が高齢になっている」と読みかえれば,

```
The population of City A is getting older.
```

と書くことができるはず。

もともとは "get old（年をとる）" という表現が存在し, それが比較の変化を起こしているだけだということは確認しておこう。

あとはこれを,「…という事実」という意味になる "the fact that ..." のあとに続けてあげれば, 文が完成するね。

SV を意識しながら文を組み上げるための "部品" を作り, それを使って複雑な文を書いていくというプロセスに慣れてきたかな。

では，次のテーマで文章を書いてみよう。しっかりと構成をしてから書くことを忘れずにね。制限時間は【15分】，では，スタート！

問題 1

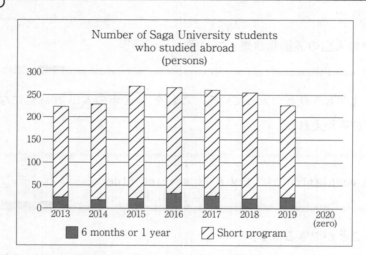

Number of Saga University students
who studied abroad
(persons)

■ 6 months or 1 year　　▨ Short program

Summarize the information. (About 70 words in English)

〈佐賀大学　2022年（改題）〉

論理展開ポイント

今回は，「表・グラフの描写・説明を求める問題」を攻略していこう。

さて，表・グラフの描写・説明の問題とは，いったい何を求められているのだろう。

「そもそも何をするのか，どういう視点で表やグラフを見るべきなのか」のピントがずれてしまっていて，「とにかくありとあらゆる情報を，英語力を駆使して詰め込む」というなんとも無茶なことをやろうとしてしまう人は結構多い。そうなってしまわないように学んでいこうね。

ちょうど問題文が示してくれているけれど，表・グラフの描写，説明というのは，「その表・グラフの特徴を伝えるために必要な情報を示す」こと，つまり**「要約」することを求めている**と考えるのが基本だ。

一つひとつの数値に全部触れて，網羅することは「要約」にはならないね。

では，「その表・グラフの特徴」とはなんだろう。そもそも表・グラフというのは「相手に情報をパッと見てわかるように伝えられる」という点にそのメリットがあるものだね。

つまり，特徴を捉える際には，「その表・グラフを示して伝えたいこと」を考える必要があるわけだ。答案を書く際には，その観点から「相手がその表・グラフを見ていなくとも自力で大雑把に再現できる」程度の情報をまとめてあげる必要があるということだね。

その意識を持ちながら，構成案を見てみることにしよう。今回は「70語程度」で書くことになるので，4〜5センテンスで書くということだね。

【解答】の構成

1 表・グラフのテーマ：このグラフは佐賀大学から留学をした学生の数を表している。

2 特徴①：2013年から2019年の間で，短期留学と6か月または1年留学をあわせた数は2015年に最も多くなり，その後減少している。

3 特徴②：6か月または1年の留学をした学生の数は2016年に最も多くなっている。

4 特徴③：しかし，どちらのプログラムの留学者数も2020年にゼロになっている。

注目してほしいのは，今回のグラフでは「細かい数字には触れていない」ことだ。

なぜだかわかるかな？　そう，今回のグラフでは，細かい数字のデータを示すことは，「伝えたいこと」としての優先順位が低いからだ。では，このグラフで「伝えたいこと」はなんだろう。

　それは，もちろん，「2020年に留学した人の数がゼロになってしまった」ことだろうね。

　つまり，この“クライマックス”に向けて情報を重ねていく必要があるということだ。そうなれば自ずと，「これまではそれぞれの留学に行く学生の数はこんな推移でした」と，**2020年に至るまでのプロセスを示すことを優先すべきだとわかる**はずだ。もちろん，語数の余裕によっては，“数字”に言及することは「間違い」ではないよ。ただ，その結果，「何を伝えるべきか」がよくわからない記述にならないように，ということなんだ。

　では，**この構成をもとに英文を書いていこう。**

問題1【解答例】

　This graph shows the number of students who studied abroad at Saga University. Between 2013 and 2019, the number of short programs and 6-month or 1-year programs combined was the highest in 2015 and decreased after that year. The number of students who studied abroad for 6 months or 1 year was the highest in 2016. However, the number of students studying abroad in both programs dropped to zero in 2020. (71 words)

〔日本語訳〕

　このグラフは佐賀大学から留学をした学生の数を表しています。2013年から2019年の間で，短期留学と6か月または1年留学をあわせた数は2015年に最も多くなり，その後減少しています。6か月または1年の留

学をした学生の数は 2016 年に最も多くなりました。しかし，どちらのプログラムの留学者数も 2020 年にゼロになっています。

これでみんなは，表・グラフの問題を "なんとなく" 書くことはなくなったね。

よし，もう一問解いて，本当に理解できているか確認してみよう。

問題 2

The table below shows changes in international student enrollment at universities in the United States:

Place of origin	2001 (number of students)	2014 (number of students)	% Change (2001 to 2014)
Canada	26,514	27,240	3%
China	63,211	304,040	381%
Japan	46,810	19,064	− 59%

Using about 70 English words, summarize the different trends of enrollment for the three countries between 2001 and 2014.

〈九州大学　2021 年〉

まずは，構成を確認していこう。

【解答】の構成

1 特徴①：2001 年から 2014 年の間に，アメリカの大学へのカナダからの留学生の数は 26,514 人から 27,240 人になっており，わずか 3% の増加だった。

　今回の構成では，「**表・グラフのテーマ」に関する 1 文がない**ということが 1 つのポイントだね。

　なぜって？ そりゃあ……問題文に記載してあるからだね（笑）。

　示してくれているものをわざわざ書く必要はないし，そんなに語数の余裕もないし。そういった点は問題をよく見て対応しよう。

　そのあとは，カナダ・中国・日本と，それぞれの**人数**と**増減率**に言及をしていくことになる。ただし，ただ情報を列挙すればいいのではないね。「表・グラフの伝えたいこと」を意識して書かなければ「要約」したことにはならない。

　今回の「伝えたいこと」は，「カナダも中国も留学生の数が増えている<u>が</u>，日本は減っている」ということだね。

　そうすると，構成案のように，「一方」というような**対比や逆接を表す表現**を，4 の日本についての説明の前に置く必要があるとわかるはずだ。自分の答案がそうなっているか，ここで確認しよう。

　解答例を見てみよう。

問題 2 【解答例】

> 　Between 2001 and 2014, the number of international students
> from Canada at U.S. universities went from 26,514 to 27,240, an
> increase of only 3%. During the same period, the number of

students from China increased dramatically, from 63,211 to 304,040. This is almost five times the number in 2001. By contrast, between 2001 and 2014, the number of students from Japan declined sharply by 59%, from 46,810 to 19,064. (69 words)

〔日本語訳〕

　2001 年から 2014 年の間に，アメリカの大学へのカナダからの留学生の数は 26,514 人から 27,240 人になっており，わずか 3% の増加でした。同じ期間に，中国からの留学生は 63,211 人から 304,040 人と劇的に増加しました。これは 2001 年のほぼ 5 倍です。一方，2001 年から 2014 年にかけて，日本からの留学生は 46,810 人から 19,064 人へと 59% も激減しています。

　さて，**問題 1** とは違い，ここでは数値をていねいに記載した記述となっているね。今回取り上げたいポイントはこの点なんだ。

! POINT **論理展開ポイント**

　問題 2 のポイントは，「**表・グラフの特性を考える**」ということだ。今回取り上げたもの以外にも，さまざまなグラフ問題が存在するわけだけれど，そもそも基本的な問題として，「何を示したいからそのグラフの形式を使うのか」を改めて確認しておこう。

　なぜって？　それこそが「表・グラフの伝えたいこと」に関わるからだ。とはいえ，これは別に新しいものではないね。小学校の社会科の時間などに習ったかもしれない。

　これまで登場したものも含め，**表・グラフのそれぞれの特性**と，**その説明でよく使う表現**を一気に確認してしまおう。

◆折れ線グラフ：変化を示す（変化の程度・様子を表す表現にも注目）

① According to the graph, the number of EVs in country A has been steadily increasing over the past decade.

「グラフによると、A国のEVの台数は過去10年間、着実に増加している」

② Based on the line on the graph, it appears that there was a sharp decline in the number of EVs in some areas of Country A from 2018 to 2019.

「グラフ上の線から、2018年から2019年にかけて、A国の一部地域でEVの台数が急激に減少したように見える」

③ In Country A, the number of EVs on the road in 2010 was relatively low, but it has been gradually increasing every year since then.

「A国では2010年のEVの走行台数は比較的少なかったが、その後毎年徐々に増加している」

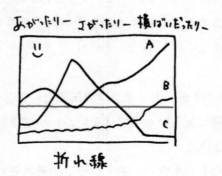

あがったりー　コげったりー　横ばいだったりー

折れ線

◆円グラフ：<u>割合</u>を示す（「<u>分数</u>」の表現などにも注目）

① The pie chart displays how high school students in City B spend their day, with each slice of the pie representing a different activity.

「この円グラフは，B市の高校生の1日の過ごし方を表しており，円グラフの各スライスが異なる活動を表している」

② According to the chart, in City B, the largest portion of a high school student's day is spent sleeping.

「B市では，高校生の1日のうち，最も多いのは睡眠時間である」

③ Personal care activities, such as eating, grooming, or showering, account for approximately one-tenth of their day.

「食事や身だしなみ，シャワーなどの身の回りのことは，1日の約10分の1を占めている」

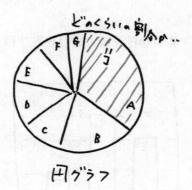

円グラフ

◆棒グラフ：差を表す（ただし，使い方によっては変化を表すこともある）

① The data on the graph shows that the number of foreign visitors to Japan from Country [1] was significantly higher than from any other country in 2019.
「グラフのデータから，2019年の国[1]からの訪日外国人数は，他どの国よりも著しく多いことがわかる」

② Approximately 4 million visitors from Country [2] came to Japan in 2019, which is significantly lower than Country [1] and Country [3] but still a substantial number.
「2019年の国[2]からの訪日客数は約400万人で，国[1]や国[3]に比べればかなり少ないが，それでも相当な数である」

③ Country [4] had the fourth-highest number of foreign visitors to Japan in 2019, with approximately 1.5 million visitors.
「国[4]は，2019年の訪日外国人旅行者数が約150万人と4番目に多かった」

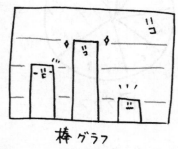

棒グラフ

◆表：具体的な数値などを示す

① The table displays the change in the number of househusbands between 2010 and 2020 in County X, Country Y, and Country Z.
「表は，X国，Y国，Z国の2010年から2020年にかけての主夫数の変化を示したものである」

② County X had the highest number of househusbands in 2010, with approximately 1.2 million, followed by County Y and County Z.
「2010年の主夫数はX国が約120万人と最も多く，次いでY国，Z国の順である」

③ The table suggests that County Y had the smallest increase in the number of househusbands between 2010 and 2020, with a rise of approximately 10,000.
「表のデータから，2010年から2020年にかけての主夫数の増加は，Y国が最も少なく，約10,000人の増加であることがわかる」

A	5000	+ 10%
B	10000	+ 50%
C	300	− 20%
D	15000	+ 200%

表

気を付けてほしいのは，棒グラフのところでも少し触れたように，こうした特性を持つ表やグラフも，**組み合わせや問い方でさまざまな答え方が必要になる**ということだ。

　例えば，割合を表すことに優れた円グラフを年代ごとに2つ示せば，「割合の変化」について答える必要が出てくるし，折れ線グラフが2本示されていたら，それらの「差」に言及しなくてはならないこともある。

　表・グラフのそれぞれの特性をまずは理解して，基本となる視点を養い，いたずらにグラフ問題を恐れないようになってほしい。**表やグラフは，「伝わりやすくする」ためのツール**だ。本来はそんなに怖がらなくてよいものなんだからね。

　今回は「比較」を確認して，「表やグラフ」を扱った問題にチャレンジしてもらった。そしてここでも「要約」という言葉が出てきたね。

　こうして見ていくと，僕たちはさまざまなかたちで要約を求められるということに気づくと思う。どんなときでも論理構造を考えることを怠らないようにしよう。

重要語句チェック

- □ combine 動「組み合わせる」
- □ drop 動「落ちる，下がる」
- □ increase 名「増加」
- □ by contrast 句「一方，それと対照的に」
- □ decline 動「減少する」
- □ EV (electric vehicle) 名「電気自動車」
- □ steadily 副「しっかりと，だんだん」
- □ decade 名「10 年間」
- □ gradually 副「だんだんと」
- □ display 動「表す」
- □ slice 名「部分」
- □ portion 名「一部」
- □ groom 動「身だしなみを整える」
- □ approximately 副「およそ」
- □ substantial 形「相当な」
- □ househusband 名「主夫」

- □ decrease 動「減少する」
- □ enrollment 名「入学者数」

- □ sharply 副「はっきりと」

- □ relatively 副「比較的」
- □ pie chart 名「円グラフ」
- □ spend 動「過ごす」
- □ represent 動「表す」
- □ activity 名「活動」

- □ significantly 副「著しく」
- □ table 名「表」

第 **7** 講

Study 📖

要約問題②＋技能統合型問題

関係詞

　今回は要約問題と少し発展的なライティング問題を扱うよ。ここまでの授業で，みんなは今回のための準備を着々と進めてきたんだ。復習するようなつもりで恐れずにいこう！

STEP1　四択英文法問題

　次の各問題の空所に入れるのに最も適当な語句を，①～④のうちから１つ選びなさい。

(1) The reason (　　　　　　　) he gave was not logical.

　① why

　② for which

　③ for that

　④ which

(2) That is a point (　　　　　　　) I disagree with you.

　① which

　② where

　③ whom

　④ how

(3) Thomas Edison (　　　　　　　) had patented over 1,000 inventions.

　① , who gave the world electric light,

　② , that gave the world electric light,

　③ who gave the world electric light

　④ which gave the world electric light

(1) ④（彼が説明した理由は論理的ではなかった）

　今回は「関係詞」を確認しよう。関係詞は，原則として，**「先行詞（関係詞の前にある名詞）を修飾するカタマリ」**を作るものだ。

　名詞を修飾する……ということは？　そう，関係詞からはじまるカタマリは，「形容詞節（形容詞の働きをするカタマリ）」になるということだね。

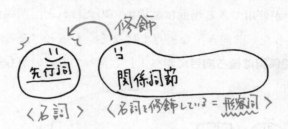

　そうすると，なぜ，「関係"代名詞"」や「関係"副詞"」という名前が付いているのだろう。

　関係詞が苦手，という人は，この「"名前"と"働き"がズレている感じ」を乗り越えられていないことが多い。ここにスポットライトをあてて，**「関係代名詞」や「関係副詞」が"代名詞"や"副詞"と名付けられている「由来」**を理解していくよ。

　関係代名詞や関係副詞の名前の由来は，「関係詞節内（関係詞からはじまるカタマリの中）での働き方」にある。**関係代名詞は「関係詞節の中で名詞を補う」**からこの名前で呼ばれており，**関係副詞は「関係詞節の中で副詞を補う」**からこの名前になっているんだ。

だから，関係詞の後ろにある SV 関係に着目すること，つまり「関係詞の後ろ」が関係詞攻略のカギなんだ。

　関係詞の問題に取り組む際にみんながやってしまうのが，「先行詞が "人" だったら who！ "モノ" だったら which！ "両方" に使えるのが that！ 迷ったらとりあえず that を使っておけば OK！」という発想だ。

　実際に that が使用できる場面は結構多いのだけれど，関係詞を攻略するには，そういった "前向き" な視点ではなく，もっと "後ろ向き" な視点が大切だ。**「関係詞は後ろ向きに学べ！」** と言ってもいいかも知れない。

　その視点を意識して，今回の問いの文を分析してみると，

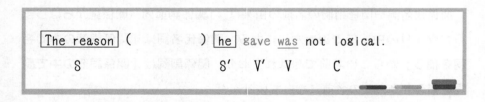

というように，SV の関係が 2 つ存在していることがわかるね。

　通常 1 つの文の中には "SV 関係" は 1 つしか置けない。ここに SV 関係を "追加" するためには「接続することば」が必要となる。

　関係詞にこのような「接続詞」的な機能もあるということは意識できているかな。その意識があると，V（動詞）の個数に着目することで「関係詞節の範囲」を判断しやすくなるんだ。

今回であれば「関係詞のカタマリの外側に V（動詞）を1つ残しておく」ようにして……

The reason ⟨(　　　　　　) he gave⟩ was not logical.
S　　　　　　　　　　　　　　V　　C

と考えれば，「どこからどこまでが関係詞節か」がわかるね。あとはこの関係詞節の中に，「名詞が欠けているならば関係代名詞」で，「副詞が欠けているならば関係副詞（または前置詞＋関係代名詞)」を使うことになる。

なお，「副詞が欠けている」という判断は，最初は難しいこともあるので，「名詞が"もうこれ以上入れられない"ならば関係副詞（または前置詞＋関係代名詞)」というくらいの意識でもまずはいいよ。

今回の関係詞節の中には……

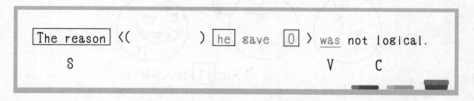

The reason ⟨(　　　　　　) he gave 0 ⟩ was not logical.
S　　　　　　　　　　　　　　　V　　　　C

というふうに，gave の O（目的語）となる「名詞が欠けている」ことがわかるね。ゆえに関係代名詞の which を入れることになるので，答えは④。

え？　①の why にしちゃったって？　そんな「前向き」な関係詞への取り組み方はダメだよ（笑）。もっと「後ろ向き」に取り組まないとね。「前にあるのが reason だから why！」というような発想から解放されてきたかな。

(2) ②（そこが，私があなたに同意できない点です）

まずは V（動詞）の数を確認して，関係詞節がどこからどこまでか考えてみよう。

That <u>is</u> a point (　　　　) I <u>disagree</u> with you.
S　V　C　　　　　　　　S'　V'

そうすれば,「(　　　) から文の終わりまで」が今回の関係詞節の範囲だとわかるね。

次は何をするんだっけ？ 先行詞をみる？ ちがうちがう。まずは関係詞節内に「何が」欠けているかを確認するんだよ。

今回は関係詞節内に名詞は入りそうもないね（"I disagree it with you." というような英文にはならないね）。

つまり使うべきなのは関係副詞だということになる。

選択肢の中では,②か④が正解ということになるね。ただ,④の how は「先行詞として way しかとらない上に,英文などで使う際には必ず一方を（way か how のどちらかを）省略する」というひねくれものなので, a point が先行詞となっている今回は選べない。ゆえに②の where が正解だ。

where は先行詞が「場所」のときに使うはずだ,だって？ そうだね,それはとてもいい気づきだ。関係副詞の where は物理的な「場所・ところ」を先行詞としてとるだけではなく,**概念的な「場所・ところ」を先行詞としてとることもある。**例えば,

> 〔例〕そこが，君が間違っているところだ。
> That is the part where you are wrong.

などというかたちでも使える。

　なお，この文の the part を省略してしまって，**"That is where you are wrong."** と表現することもできるよ。

　そうそう，「関係副詞＝前置詞＋関係代名詞」という学習はとても大切なものだけれど，英文を書く場合に「前置詞＋関係代名詞」を使おうとすると，どんな前置詞にするかなど，悩まなくてはいけないことが出てきやすい。

　積極的に関係副詞を使うと，ライティングの際に小さなミスを減らせることがあるということは覚えておこう。

(3) ① （電灯を世に送り出したトーマス・エジソンは，1,000 を超える発明
　　品の特許を取得していた）

　この問題は関係詞節が丸ごと選択肢になっているね。関係詞が問われる際には，こういったタイプの「選択肢が長い問題」が出ることがある。

　多くの学習者がつまずいてしまうところだけれど，攻略のコツは「消去法で解く」ことだ。いきなり正解を見つけようとせずに，ほかの選択肢を「切る」意識で文法問題に取り組むことは大切だよ。では，見ていこう。

　まず④は，先行詞が "Thomas Edison" という「人」であることから除外できるね。これについては問題ない。

　さて，今回は関係詞の「非制限用法」について学習する必要がある。まずは例文と意味を見てみよう。

a. Tom has two sons who live in New York.（制限用法）

「トムにはニューヨークに住んでいる息子が2人いる」

⇒「トムにはほかにも子どもがいる」ことが示唆される。

b. He has two sons, who live in New York.（非制限用法）

「トムには2人息子がおり、その2人はニューヨークに住んでいる」

⇒「トムには息子が2人しかいない」ことが示唆される。

なぜこんなふうに意味の違いが生まれてくるのだろう。ここを，丸暗記ではなくきちんと理解してこそ，**「書く」につながる英文法の学習**になるんだ。

　非制限用法の理解のカギは，関係詞節が「形容詞節」になるという，今日の学習の出発点にある。「形容詞の働き」にはどのようなものがあったか覚えているかな？

　形容詞には【名詞を修飾する働き（限定）】と【名詞を補足説明する働き（叙述／C）】があったね。

　実は，関係詞の「制限用法」と「非制限用法」には別の呼び方もある。それが「限定用法」と「叙述用法」というものだ。

つまり，関係詞節が形容詞の働きをするがゆえに，関係詞節には「限定」と「叙述」の2つの働きがある，ということなんだ。その点を意識して，さっき見た例文をもう一度見てみようか。

---

a. Tom has | two sons who live in New York. | （制限用法）

「トムにはニューヨークに住んでいる息子が2人いる」

⇒ ほかにも子どもがいる中で，"ニューヨークに住んでいる"子どもに「限定」しているので，限定前の母集団はそれよりも多いわけだから，「トムには他にも子どもがいる」ことが示唆される。

〈制限用法〉

NY

他にもいるわ!!

b. He has | two sons |, | who live in New York |. （非制限用法）

「トムには2人息子があり，その2人はニューヨークに住んでいる」

⇒ "2人の息子"に"ニューヨークに住んでいる"という「補足説明」がなされており，2人の息子について述べているだけなので，「トムには息子が2人しかいない」ことが示唆される。

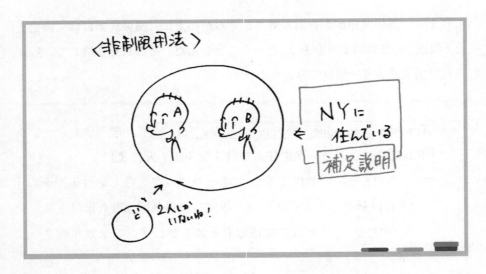

　赤字の部分がここまでの説明を前提とした追加部分だよ。制限用法と非制限用法の違い，理解できたかな。

　さて，改めて問題を見てみよう。

Thomas Edison (　　　　　　　　　　) had patented over 1,000 inventions.

　(　　　) 内に入る関係詞節にとっての先行詞は，Thomas Edison という固有名詞だね。

　このエジソンを関係詞節で「限定」してしまうと，「電灯を世に送り出したトーマス・エジソン」と，「そうじゃないトーマス・エジソン」が存在することになってしまうね。

　だから「制限用法」ではなく「非制限用法」を用いる必要があり，③の選択肢は不正解となる。さらに，「関係詞の that は非制限用法では使えない」というのも押さえておくべき大切なルールだ。そのため②の選択肢も選べ

ないことになる。正解は①だ。

「アメリカ大陸を発見したコロンブス」や「桃から生まれた桃太郎」というように，"制限・非制限"関係なく【日本語は修飾語を名詞の前に置く】ことができてしまうので，日本語だけで関係詞の用法を判断することは難しい。違いを理解して使いこなそう。

では，語句整序問題にチャレンジだ！

STEP2　ライティング　語句整序問題

日本語をヒントに与えられた語句を並べかえなさい。

(1) 教育学の教授である長瀬氏はこの問題に対する解決策を提案しています。

(a solution / a professor of education, / to / proposes / who / this problem / Mr. Nagase, / is).

(2) 子どもたちが学校で無意識に学んでいることに気づかせることが重要だというのが，彼の意見です。

In (to make / his opinion, / they are unconsciously learning / children / aware of / important / what / it is / at school).

(3)「子どもたちは学校生活を通じていかに異なる意見を持つ人々ともうまくやっていくかを学んでいるのです」と彼は言います。

"They (they / different opinions / are learning / people / can get along with / have / who / through / how) their school life," he says.

(1) Mr. Nagase, who is a professor of education, proposes a solution to this problem.

まず日本語を分析的に考えてみると，

---

① 長瀬氏はこの問題に対する解決策を提案しています。

② （長瀬氏は）教育学の教授である。

という2文からできあがっていることがわかる。こうして1文ずつにしてしまえば，

---

① 長瀬氏はこの問題に対する解決策を提案しています。
　　S　　　　　　　O　　　　　V ⇒ SVOの第3文型

② （長瀬氏は）教育学の教授である。
　　S　　　　　C　　V ⇒ SVCの第2文型

で書けることがわかるね。ここまで学んだ基本どおりだ。

　メインの文（主節）は①のほうだね。その①の文に②の文が"組み込まれる"ことになる。

　②は，「長瀬氏」の説明をしているから，この部分を関係詞節として①の主語のあとに置けばいいね。

　ただし，「長瀬氏」は固有名詞なのだから，関係詞での修飾の仕方には注意が必要だ。この世界には，例えば医師だったり，歌手だったり，はたまた予備校講師だったり，色々な長瀬氏がいるわけだけれど，「"その"長瀬氏」は1人しかいないのだから，これ以上「絞り込む」ことできない。つまり

制限用法は使えないんだ。なお，**先行詞と関係詞の間にカンマが付いて明確に非制限用法だとわかるようになっている**こともチェックしておいてね。

(2) (In) his opinion, it is important to make children aware of what
they are unconsciously learning at school.

　　まず，文頭ですでに In が与えられているので，「彼の意見です（彼の意見では）」という表現として，"In his opinion, ..." とはじめることになるね。
その上で，残りの部分を検討していこう。日本語は，

という構造になっているね。

　　今回与えられている語句から考えると，この S（主語）が仮主語に置きかえて "In his opinion, it is important ..." というかたちで表現することになりそうだ。

　　では，真主語の内容はどうやって表現すればいいか，該当する部分の和文を分析的に確認してみよう。さらに日本語の段階から英語の語順に並べてみるよ。

159

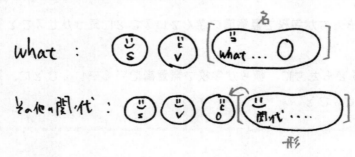

⇒ させる　子どもたちが　気づく　　彼らが学校で無意識
　　　　　　　　　　　　　　　　　に学んでいることに

（to) make children aware of [　　　　　　　　]
（　V　　　O　　　C　）

　こうすると, make 以外にもう 1 つ動詞が含まれていて「接続することば」が必要であること，さらにそのカタマリが of のあとで「名詞の働き」をしていること，がわかるね。

　この働きを担っているのが関係代名詞の what から始まるカタマリだ。[　　　]の中を埋めて見てみよう。

to make children aware of ┌ what they are unconsciously
　　　　　　　　　　　　　　│ learning▲at school
　　　　　　　　　　　　　　└
　　　　　　　　　　　　　　　　↑O欠け

　what が「関係詞節の中で名詞を補う（今回は関係詞節内の O を補っている）」という関係代名詞の働きをしつつ，文全体の中では形容詞節ではなく「名詞節」を作るという役割をこなしているね。

　形容詞節ではないから，修飾されるべき先行詞も前に存在していない。このように抽象的な「（…する）もの，こと」という意味の名詞節を作る関係代名詞の what，きちんと使えるようにしよう。

what :　　　(S)　(V)　[名
　　　　　　　　　　　　　　what ... O]

その他の関代 :　(S)　(V)　(O)　[関代 ....]
　　　　　　　　　　　　　　　　　　　　　　　形

160

(3) "(They) are learning how they can get along with people who have different opinions through (their school life," he says.)

　さぁ，「接続することば」によって複雑になっている文を，「どこからどこまでがひとカタマリか」や「どこからどこまでがどの言葉につながっているか」という視点を持って分析できるようになってきたかな。

　今回の日本語の「　　」の中をその観点を持って分析してみよう。さらに英語の語順に置きかえてみるよ。

　子どもたち は《学校生活を通じて》［いかに〈異なる意見を持つ人々〉ともうまくやっていくか］を学んでいる（のです）

⇒　子どもたちは　　学んでいる（のです）
　　　　S　　　　　　　　　V

　　［いかに　　うまくやって　〈異なる意見を　　　　《学校生活》
　　（彼らが）　いくか　　　　持つ人々〉とも　　を　《を通じて》

　　　　　　　　　　　　　　〈人々＋異なる〉
　　　　　　　　　　　　　　〈意見を持つ〉
　　　　S′　　　　　V′
　　　　　　　　　　　　　　　　O

　かなり細かいけれどここまで考えることができれば，これまで何度も確認してきたように，結局は基本的なセンテンスの組み合わせで英文ができていることがわかるはずだ。

They are learning [how they can get along with 〈people who have different opinions〉]《through their school life》...

赤字になっている how や who のようなことばが置かれることで、動詞を「余分に」置くことができていることがよくわかるね。つまり,

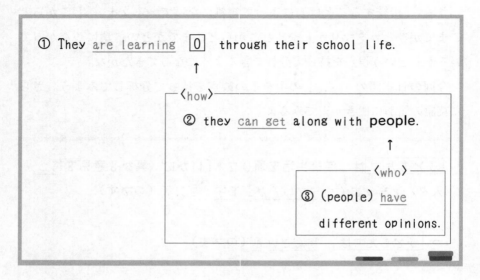

① They <u>are learning</u> ⬜0 through their school life.
↑
⟨how⟩
② they <u>can get</u> along with **people**.
↑
⟨who⟩
③ (people) <u>have</u>
different opinions.

といった具合に,3つの文が「接続することば」で1文になっているということだ。

　この認識は,ライティングをする際にはもちろん,英文和訳をする際にも重要なんだ。**意識的なライティングは意識的なリーディングにつながる。**

　その逆もしかりだ。「読む」ことと「書く」ことは別の何かではないからね。色々な角度から学んでいこう。

つながっている!!
読む　　書く

STEP 3 　ライティング　　要約英作文問題

では，英作文問題にチャレンジしよう。第４講「要約問題①」で学んだ
ことを生かして頑張ってね。制限時間は【20分】，では，スタート！

問題 1

次の英文を読んで，下の問いに英語で答えなさい。ただし，句読点は
語数に含めません。

Some people say that censorship of the internet is against the
principles of a free and open society, but I think that some form of
internet censorship is justified for the following reasons.

Firstly, total freedom of speech does not exist in any society. There
are limits to what people can say in even the most democratic
countries. If you didn't have laws against racist hate speech or threats,
citizens would not be able to live secure lives. Why should the internet
be different? Some censorship of social media posts or sites that
encourage such things as terrorist acts is necessary.

Secondly, elections in democratic countries including the USA are
often being influenced by fake news stories generated online. Online
sites linked to the information-gathering agencies of non-democratic
countries can use fake news sites to spread misinformation and to
influence the way people vote in democracies. Surely, it is necessary to
censor such sites to protect the democratic process from propaganda
and lies.

Of course, to have as little censorship as possible of the internet
should be the goal. However, if the internet were totally free of
regulation, the security and stability of society would be seriously
threatened.

出典："Should the internet be free from censorship?" *The Japan Times Alpha*, May 28, 2021, p. 28.

本文の内容を50語程度の英語でまとめなさい。

〈筑波大学　2022年（改題）〉

「インターネットの検閲」に関する英文を読んで，その内容を英語で要約することが求められているね。

今回は早速**解答例**を確認してみよう。その上でポイントを押さえていくよ。

問題1【解答例】

　　Internet censorship should be justified for two reasons. First, it maintains societal security by limiting hate speech and threats. Second, it protects democratic elections from fake news and foreign influence. While minimal censorship is ideal, a completely unregulated internet could threaten society's stability and security.

(45 words)

〔日本語訳〕

　　インターネットの検閲は2つの理由で正当化されるべきです。第一に，インターネットの検閲はヘイトスピーチや脅迫を規制することで社会の安全を維持します。第二に，インターネットの検閲は民主的な選挙をフェイクニュースや海外からの影響から守ります。最小限度の検閲が理想的ですが，完全に無規制のインターネットは社会の安定と安全を脅かし得るのです。

　ここで「思ったとおりでした！」となってくれているのがベストだけれど，そうじゃなかった人も，なぜそうならなかったのか，**自分の答案と解答例の違いは何なのか**を意識しながら確認してくれれば大丈夫だからね。

　では，**解答のプロセス**を確認していこう。

　まず今回の問いは，4パラグラフ構成の英文を50語程度で要約することが求められている。

　50語というのは，「1センテンス＝10〜15語」という目安で考えれば，4〜5センテンスの量ということになるね。

　ここで，おっ，と思えた人は勘がいいね。そう，4パラグラフを4センテンスなのだから，まずは，「**1パラグラフごとに1センテンスで**」要約していけば解答になりそうだな，と考えて英文を確認していこう。

　ただ，本当に"1パラ1文"で解答となるかどうかは英文の内容によるのだから，くれぐれも過度な決めつけはしないようにね。

! 論理展開ポイント

　では，**問いの英文の各パラグラフの役割やポイントを見ながら**，どのようなことを考え，要約として書くべきか，検討していこう。

【第1パラグラフ】

> 　Some people say that censorship of the internet is against the principles of a free and open society, but I think that some form of internet censorship is justified for the following reasons.
>
> 〔日本語訳〕
> 　インターネットの検閲は，自由で開かれた社会の原則に反すると言う

人もいますが，私は以下の理由から，何らかのインターネット検閲は正当化されると考えています。

役割：主張を述べる

ポイント：インターネットの検閲は正当化されるべきだ。

【第1パラグラフ】は，シンプルに「インターネットの検閲の肯定」という立場の表明をしている点が重要だ。

だから，**それに関する部分を要約に反映する必要がある。**なお，そもそもこうした問いが登場する背景には，賛否が分かれる部分があるということなので，1パラ前半の「反対する人たちもいる」というような主張に触れる優先順位は低いということも確認しよう。

【第2パラグラフ】

Firstly, total freedom of speech does not exist in any society. There are limits to what people can say in even the most democratic countries. If you didn't have laws against racist hate speech or threats, citizens would not be able to live secure lives. Why should the internet be different? <u>Some censorship of social media posts or sites that encourage such things as terrorist acts is necessary.</u>

〔日本語訳〕

まず，言論の完全な自由はどんな社会にも存在しません。最も民主的な国であっても，人が発言できることには限りがあります。人種差別的なヘイトスピーチや脅迫（きょうはく）を取り締まる法律がなかったら，市民は安心して生活できないでしょう。なぜインターネットが別でなければならない

のでしょうか。テロ行為などを助長するようなソーシャルメディアの投稿やサイトに対しては，ある程度の検閲が必要です。

役割：理由を述べる①

ポイント：（ア）いかなる社会でも「完全な表現の自由」などというものは存在しない。⇒民主主義国家では表現の自由に制限があり，そうした制限（法）がなければ安全な暮らしを送れない。

（イ）同様にインターネットの検閲はテロなどの脅威から人々の安全を守るために必要だ。

【第2パラグラフ】は，「完全な（制限のない）表現の自由」はいかなる社会にも存在しないと述べた上で社会安全のために規制が必要とし，インターネットも例外ではないという展開をしているね。

とても良い展開で，すべて盛り込みたいところだけれど，1文でまとめるのは難しい。

今回は「インターネットの検閲はするべき」という立場の理由を述べているのだから，**「インターネットの検閲をすることがこんなふうに有益だ」と述べている後半部分を中心に要約する必要がある。**

【第3パラグラフ】

Secondly, elections in democratic countries including the USA are often being influenced by fake news stories generated online. Online sites linked to the information-gathering agencies of non-democratic countries can use fake news sites to spread misinformation and to influence the way people vote in democracies. Surely, it is necessary to censor such sites to protect the democratic process from propaganda and lies.

〔日本語訳〕

　次に，米国を含む民主主義国の選挙は，ネット上で発生するフェイクニュースによって左右されることが多々あります。非民主主義国の情報収集機関とつながりのあるオンラインサイトが，フェイクニュースサイトを使って誤った情報を広め，民主主義国の人々の投票方法に影響を与えることがあるのです。確実に，プロパガンダや嘘から民主主義のプロセスを守るために，このようなサイトを検閲する必要があります。

役割：理由を述べる②

ポイント：（ア）民主主義国家の選挙が，他国によって流されるオンライン上の誤った情報によって，しばしば影響を受けている。

　　　　　　（イ）フェイクニュースやそういったサイトを検閲し民主主義の仕組みを守る必要がある。

　【第3パラグラフ】では，はじめに「アメリカも含め」と述べていることから，やや“具体的”内容からはじまっていることに注目しよう。

　その上で「そういったことがないように」，つまり**「選挙という民主的プロセスを守るために」，インターネットの検閲をするべき**だと述べているので，この最後の部分が**イイタイコト**なのだなと考えなくてはいけないね。

　なお，「選挙は民主主義国家の根幹を成すものである」という今回の主張の根底にある考え方はとても重要なものなので，押さえておいてほしい。

【第4パラグラフ】

> Of course, to have as little censorship as possible of the internet should be the goal. However, if the internet were totally free of regulation, the security and stability of society would be seriously threatened.
>
> 〔日本語訳〕
> 　もちろん，インターネットの検閲をできるだけ少なくすることは，目標であるべきです。しかし，もしインターネットが全く規制されないとしたら，社会の安全や安定が著しく脅（おびや）かされることになるでしょう。

役割：（情報を追加した上で）まとめる

ポイント：（ア）インターネットの検閲は最小限度にとどめるべきではある
　　　　　　（※この情報は新しい）
　　　　　　（イ）しかし，インターネットが全く規制されないと，社会の安全性と安定性が著しく損（そこな）なわれる。

　【第4パラグラフ】はまとめにあたる。まとめはそれまでの展開をなぞっただけになることも多いから，「ただ重複する」というような場合には書かない選択もあり得るところだ。

　ただ，今回のパラグラフでは，「インターネットの検閲は最小限度にとどめるべき」という，これまでの展開にはなかった情報が出てきている。

　この部分は，筆者の立場をより明確にするものなので，書くべき情報だね（そうしないと「インターネットの検閲はメリットがたくさんあるのでどんどんやるべき！」という立場との違いが伝わらなくなってしまう）。

　そのため今回の第4パラグラフの情報は，要約に反映されるべき情報だ。

そして、この「最小限度にとどめるべき（だけれども、それでも…）」という展開上、第4パラグラフの後半の全体のまとめのような情報も要約に反映させたほうが書きやすそうだという判断もできるといい。

もちろん最後の最後に、「あ、でも、最小限度の制限にとどめるべきだけどね！」と付け足す感じになるのも構わない。ただ、書き方がうまくないとそこまで書いてきた内容を「覆した」かのような表現になってしまうことがあるので慎重に書いてほしいんだ。

情報としては"重複"するけれど、最後の部分を入れておくことで、「それでも結論としては同じ」である点を示すことができる点が大きなメリットなんだね。

こうした検討を経て、要約として書くべき内容が確定していくことになる。自分の考え方と同じだったところ、異なっていたところ確認できたかな。要約は「どこにズレが生じたのか」や「なぜその情報を書くことにしたのか・書かないことにしたのか」がチェックしにくい場合がある。こうした機会を生かしてちゃんと確認しておいてね。

では、**解答の構成**を確認しておこう。

【解答】の構成

1 主張：インターネットの検閲は2つの理由で正当化されるべきだ。

2 理由①：インターネットの検閲はヘイトスピーチや脅迫を規制することで社会の安全を維持する。

3 理由②：インターネットの検閲は民主的な選挙をフェイクニュースや海外からの影響から守る。

4 主張の明確化＋まとめ：最小限度の検閲が理想的であるが、完全に無規制のインターネットは社会の安定と安全を脅かし得る。

注目してもらいたいのは，4の後半の文の書き換え方だ。4の文は，

```
While minimal censorship is ideal, a completely unregulated
internet could threaten society's stability and security.
```

となっている。□で囲った部分は，問題文の，

```
    Of course, to have as little censorship as possible of
the internet should be the goal. However, if the internet
were totally free of regulation, the security and stability
of society would be seriously threatened.
```

この囲んだ部分を書き換えたものなんだけれど，何かに気づくかな。わかりやすいように該当箇所だけ並べてみよう。

```
【第4パラグラフ】… if the internet were totally free of
regulation, the security and stability of society would be
seriously threatened.


4    … a completely unregulated internet could threaten
society's stability and security.
```

わかったかな。4の文は，問題文の if 節の内容を，**名詞として主語にするかたち**で書き換えられているんだね。元の文では，

```
if the internet were totally free of regulation,
```
⇒ 前提・原因：もしインターネットが全く規制されないとしたら

```
the security and stability of society would be seriously
threatened.
```
⇒ 結論・結果：社会の安全や安定が著しく脅かされることになる
　でしょう。

という論理構造になっている。これを【"前提・原因" が "結論・結果" を
招く】というかたちに読みかえて１文に書き換えているのが，要約の **4** の
文ということなんだ。

　こういった "前提・原因" を主語にするという書き方は，英語ではよく
登場するものだ。みんなも，

```
Because it rained heavily yesterday, we couldn't go
shopping.
                          ⇓
The heavy rain prevented us from going shopping yesterday.
```

という英文の書き換えを教わったことがあるかもしれないね。あのときの
学習がここで役立つなんて！ と思うかもしれないけれど，こうした「文を
名詞にする」技術は上級の書き手になるためにはとても大切なことなんだ。
　そんなふうにかっこよく書けない場合はどうしたいいのかって？ 最初か
らよい書き手になれるわけじゃないから，「書けない！」とさじを投げない

で，まずこういう「かっこいい文」をまねる気持ちで取り組んでほしい。

けれど，「文を名詞に」しないのであれば，「文を文で書き換える」意識で取り組むといい。例えば今回なら，「要するに，『インターネットにルールがなかったら社会の安全と安定にとっての問題となる』ということが言いたいわけだな……」と，シンプルな和文に読みかえてみる。

その上で，それを英訳して……

If the internet were totally free of regulation, the security and stability of society would be seriously threatened.

⇓

⇒ If there were no rules on the internet, it could cause big problems for the safety and balance of society.

というくらいにすればいいんだ。これならできそうかな？ "the security and stability of society" が "the safety and balance of society" に書き換えられている点にも注目できたら，着実にレベルアップしているぞ。少しずつ「できること」の幅を広げていってね。

では，ちょっと発展的な問題にチャレンジしてみよう！「図表や英文を"読み"，それに基づいて"書く"」問題で，TEAP という資格試験の問題に近いものだ。

Your teacher has asked you to write an essay for class using the information below. Describe the situation concerning TOYA High School and summarize the main points about the solutions that have been suggested. In your conclusion, say which of the solutions you think would work the best based on the reasons given. You should write about 200 words.

Graph A

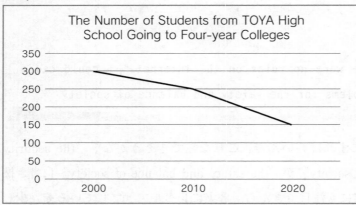

Graph B

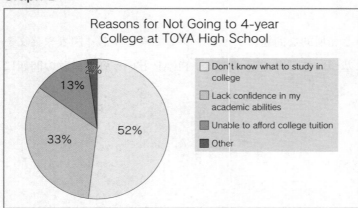

Education News

We all know that education broadens a child's horizons. However, students at TOYA High School seem to be the exception to the rule. Over the past 20 years, the number of students from TOYA High School going on to four-year colleges has dropped dramatically by half.

There are several ways to address this problem. Linda Smith, who teaches at the Gecko School of Education, says it's important to help students get a clear picture of the kind of work they want to do in the future. "Most students at TOYA High School don't know what kinds of jobs exist in the world. Bringing in a teacher who works in the business world to teach students about different jobs will give them a better idea of what they can expect in the future," she says.

But another approach is also needed, she argues. "We could bring in professional tutors to the high schools and have them conduct special after-school classes for college entrance exams," she says. This, she believes, will give students the academic skills they need to be accepted into college. "Even if you have a dream for the future, if you don't have the means to make it come true, it's meaningless. And even if they don't have a dream now, the confidence they gain in their own academic abilities will help them believe that they can have high expectations of themselves," she said.

In fact, the approach has already been in place for several years at NIRAKAWA High School, which had similar problems. The results have been spectacular. Previously, only about 20% of NIRAKAWA High School students went on to four-year colleges. However, because of following Linda Smith's advice, more than 60% of NIRAKAWA high school students now go on to four-year colleges. "Students ultimately have to take action for themselves, but it's important that we as adults do our best to support them until that moment when they start walking on their own two feet," she stated.

Letter to the editor

Dear Editor,

As someone who was once responsible for the development of students at TOYA High School, I read this article with deep interest. It is very important for students to have hope for the future.

However, there are some aspects of the article that I find somewhat frustrating. These so-called experts seem to think that high school students are helpless beings who can do nothing. Do they think that children are incapable of searching for their own dreams without the support of adults? Or do they believe that teachers are incompetent to guide their students?

I feel that these proposals are missing an important perspective. Education is about encouraging children to become independent. To this end, it is important to give children the opportunity to try things out on their own, rather than having adults do everything for them. What the students at TOYA High School need now is to go out into the world on their own. For this purpose, students should be encouraged to work part-time, especially in their first and second year of high school, when the impact on the college entrance examinations is minimal. By experiencing being a part of society, even for a few hours a day, students will think about how they can contribute to society. Such activities will motivate students to pursue a college education, and at the same time, will financially help them to go on to college.

Of course, it is essential to teach students about careers at school. However, career education should not be provided by outsiders, but by teachers who know their students well. Teachers are professionals in education. To easily outsource the task of education to an outsider is to neglect their responsibility as teachers. I believe that the role of education is to encourage independence by providing appropriate support for students through cooperation between society and teachers.

Sincerely,
Baron Wiliams

　このように，「読む・聞く・話す・書く」の４つの技能のうち，複数の技能を使うことを求める問題を，「技能統合型」の問題と呼んだりする。
　この問題で，はじめてみんなは「200語程度」の英文を自分の力で書いたわけだ。入試では，このくらいの長さの解答を求める出題もある。どう書いていけばよいのか，ポイントとして取り上げ見てみよう。

! 論理展開ポイント

まずは問いを確認するよ。今回の出題は，

① 問題となっている状況を説明する
② 解決策を要約する
③ どの解決策が最も効果的だと思うか，自分の意見を述べる

という3つのことを求めているね。

①の「問題となっている状況」は，図表で表現されている。また，②に関しては，与えられた2つの英文にそれぞれ解決策が書かれている。その上で，全体として200語程度で英文を書く必要がある。

どのように書けばいいかイメージできたかな。問いを確認しながら見通しを立てる，今までやってきたとおりに取り組んでいこう。

そうすると，大ざっぱには……

【第1パラグラフ】問題状況の説明（図表の説明）⇒ 50語程度

【第2パラグラフ】Linda Smith の提案説明（要約）⇒ 50語程度

【第3パラグラフ】Baron Williams の提案説明（要約）⇒50語程度

【第4パラグラフ】第2・3パラグラフの提案から1つ選択し，その
　　　　　　　　理由を述べる（意見論述）⇒ 50語程度

という構成になりそうだね。

気づいたかな。この問いは，これまでみんなが学んできたライティングの方法の組み合わせで解答できるんだ。

では，それぞれどのように書いていけばいいか，パラグラフごとに確認していこう。

❯【第1パラグラフ】問題状況の説明（図表の説明）

示されているのは折れ線グラフと円グラフだね。この2つのグラフの情報を統合して問題点を明らかにすることが求められているわけだ。

折れ線グラフからは，「4年制大学への進学者が最近20年で大きく減少していること」がわかる。

折れ線グラフは「変化」を表すのが得意なグラフだったね。内容を説明

する際には変化の「程度」にも言及するようにしたい。

　次に円グラフでは，「4 年制大学に進学しない理由」が示されている。円グラフは「割合」を表すのが得意なグラフだ。

　大きな割合を示す項目などには，特に注目して説明したいね。

　これらの点を考慮すると，次のような内容となる。

【第 1 パラグラフ】解答例と訳

> 　The number of TOYA high school students going on to four-year colleges (1)declined significantly from 2000 to 2020. In 2000, 300 students attended college, compared to half that number in 2020. (2) More than half of the students did not know what they want to study at a four-year college. (3)Thirty-three percent of the students said they were not confident in their academic abilities, and 13% said they could not afford the cost of tuition. (74 words)
>
> 　桐夜高校の 4 年制大学への進学者数は，2000 年から 2020 年までで，大きく減少しました。2000 年には 300 人が大学に進学しましたが，2020 年にはその半分になっています。半数以上の生徒が，「4 年制大学で何を学びたいのかわからない」と答えました。また，33％の学生が「学力に自信がない」，13％が「学費が払えない」と回答しました。

　(1) で減少の程度についてしっかりと表現できている点，(2) で単純に数字をあげるのではなく，「半数以上」というようなより割合を意識した表現を使っている点に着目してほしい。

　なお，(3) に関しては，「文頭に数字がくる場合にはアルファベット表記で書く」のが基本だということを指摘するために，強調しておいたよ。この位置で "33% of the students …" とは書けないということだ。気をつけてね。

▶【第 2 パラグラフ】Linda Smith の提案説明（要約）

　1つ目の英文である "*Education News*" の中でリンダ・スミスは，

　　① 社会人を講師として招いてのキャリア教育の実施

　　② プロの塾講師を招いての大学受験対策授業の実施

を提案しているね。

　この2点を抽出できただろうか。なお，最後に登場する韮川(にらかわ)高校での先行実施に関する記述は，挙げられた2つの提案の説得力を高めるために書かれている部分なので要約には含める必要がないね。

　そうすると……

【第2パラグラフ】解答例と訳

---

　(1)Linda Smith, who teaches at the Gecko School of Education, suggests two solutions. First, she argues that TOYA High School students should be provided with career education by inviting (2) people who actually work in various fields. Second, she states that professional tutors should provide classes to help the students prepare for college entrance exams. (54 words)

　　ゲッコー大学教育学部で教鞭(きょうべん)をとるリンダ・スミスは，2つの解決策を提案しています。第一に，実際にさまざまな分野で活躍している人を招き，桐夜高校の生徒たちにキャリア教育を行うべきだと主張しています。第二に，プロの塾講師が大学受験に向けた授業を行うべきだとしています。

---

　(1) で関係詞の非制限用法を使えているか確認しよう。今回は，Linda Smith という固有名詞を関係詞で修飾することになるので，制限用法ではなく，カンマを入れて非制限用法で書く必要がある。もちろん，関係詞節のアタマの部分だけでなく，関係詞節の終わりにもカンマを打つことを忘

れずに。

日本語では「ゲッコー大学教育学部で教鞭をとるリンダ・スミス」というように，限定用法の場合と変わらず名詞の前に情報を置いてしまっているね。

前述のとおり，日本語はこんなふうに「制限・非制限」に"無頓着"なところがあるのだけれど，英語はそうではないので意識して書こう。

また，(2)で「社会人」ということを表すために，**実際にさまざまな分野で働いている人（たち）」と言い換えている**ことにも着目してほしい。

日本語だと「社会人講師」というような表現をするけれど，それが英語でそのまま表現できるというわけではないんだ。

▶【第3パラグラフ】Baron Williams の提案説明（要約）

2つ目の英文である"*Letter to the editor*"では，以前桐夜高校で働いていたバロン・ウィリアムスが2つの提案をしているね。彼の提案は，

　　①桐夜高校の教員によるキャリア教育の実施

　　②生徒たちに対するアルバイトの推奨

の2つだね。

ここで注目したいのが，バロン・ウィリアムスも，リンダ・スミスと同じく，「キャリア教育の実施」について提案しているということだ。

異なる人物による同趣旨の提案は，要約する上でも配慮をすると「問題文全体での要約」として良いものとなる。リンダ・スミスが「社会人講師による実施」，バロン・ウィリアムスが「高校の教員による実施」を提案しているという違いには，ちゃんと言及しながら要約したい。

では，確認してみよう。

Baron Williams (1), a former TOYA High School teacher, takes a different approach. He, (2)like Linda Smith, believes that career education should be offered, but that it should be delivered by schoolteachers. He also argues that students should be encouraged to work part-time. (42 words)

元桐夜高校の教師であるバロン・ウィリアムスは，別のアプローチをとっています。彼はリンダ・スミスと同じように，キャリア教育を提供するべきだと考えていますが，それは学校の教師が提供すべきものだと考えています。また，生徒がアルバイトをすることを奨励するべきだとも主張しています。

(1) では「桐夜高校の元教員」と書いている。問題文の中では，「かつて桐夜高校で生徒たちの成長に関わった身（責任のあった身）」という書き方になっているので，スクールカウンセラーなどだった可能性もあるけれど，ここでは先生としてあるわけね。まあ，このあたりは特にこだわりすぎなくてもいいところだ。

ただ，気になる場合には "Baron Williams, who used to work at TOYA High School, ...（かつて桐夜高校で働いていたバロン・ウィリアムス）" というくらいにしてもいいね。

(2) は，バロン・ウィリアムスの提案が，リンダ・スミスの提案と重なる部分があることについて触れていく部分だ。そのあとの書き方も含めて参考にしてね。

▶【第4パラグラフ】第2・3パラグラフの提案から1つ選択し、その理由を述べる（意見論述）

最後に、ここまでに出てきた提案の中から1つを選択し、その提案が最善と考える理由を述べることになる。

今回は、「社会人講師によるキャリア教育の実施」が最善だと主張することにしよう。

今回の語数指定の中では、このパラグラフに割ける語数は50語程度なので、あまり詳しく書くことはできないね。

では、内容を確認してみよう。

【第4パラグラフ】解答例と訳

In my opinion, the most effective approach is to provide career education by people who are actually working. This way, (1)students can concentrate on their studies while effectively broadening their horizons. (2)Teachers may be better at teaching, but in career education, it is more important for students to be exposed to real voices from the workplace. (56 words)

実際に働いている人によるキャリア教育を実施することが最も効果的なアプローチだというのが、私の意見です。そうすることで生徒たちは勉強に集中しつつ、効果的に視野を広げることができるからです。たしかに教え方は教師のほうがうまいかもしれませんが、キャリア教育では、いかに生徒が現場の生の声に触れられるかのほうがより重要です。

さて、(1)と(2)は同じ趣旨でポイントとして挙げている部分なんだ。この2か所はどういった「共通項」を持っているかわかるかな？

そう、どちらも「他の提案との比較」をしている部分なんだね。今回の

問題のように50語程度しか書けない場合には，いわば「一方的に自分の主張だけ」述べる書き方も，許容される部分はあるとは考えられる。

　ただ，基本的に，「どれが一番…」というような問いに対して，「他の選択肢と比較する意識」が欠けた論理展開は筋が悪いと考えておいてほしい。

　その点，今回の解答では，(1)で「勉強に集中しつつ」と述べることで「アルバイトの推奨」と比較し，(2)で「高校の教員によるキャリア教育の実施」と比較しているわけだね。

　なお，語数の関係で書かなかったけれど，今回の文の最後に，

Through these experiences, the number of students who think about their future and the need to go to a four-year college should increase.
⇒　こうした経験を通じて将来のことを考えれば4年制大学への進学が必要だと考える生徒の数は増えるはずです。

というような，主張と理由をつなぐ1文が入ると，相手に「察してもらう」ことのない，隙のない展開になるよ。できたかな。

　以上，すべてのパラグラフについて内容・ポイントを見てきたけれど，これまで学んできたことを総動員すれば解答できる問題だということがわかったのではないかな。

　また，「200語程度」と言っても，いくつかのパーツに分けて考えればそれほど長いものではないことも理解できたと思う。

　例えば，今回のようには第1パラグラフと第4パラグラフが「重く」ない場合であっても，

> 【第1パラグラフ】主張・立場の表明 ⇒ 30語程度（2〜3文）
>
> 【第2パラグラフ】理由① ⇒ 60〜70語程度（4〜5文）
>
> 【第3パラグラフ】理由② ⇒ 60〜70語程度（4〜5文）
>
> 【第4パラグラフ】結論・まとめ ⇒ 30語程度（2〜3文）

という程度の，各パラグラフの語数・センテンス数で200語程度の自由英作文は書くことができるわけだね。「200」という数字にそれほど怖える必要はないということだ。**これまで学んできたことを組み合わせて，200語やさらに長い自由英作文に取り組んでいけばいいのだということは知って**おいてね。

問題2【解答例】

The number of TOYA high school students going on to four-year colleges declined significantly from 2000 to 2020. In 2000, 300 students attended college, compared to half that number in 2020. More than half of the students did not know what they want to study at a four-year college. Thirty-three percent of the students said they were not confident in their academic abilities, and 13% said they could not afford the cost of tuition.

Linda Smith, who teaches at the Gecko School of Education, suggests two solutions. First, she argues that TOYA High School students should be provided with career education by inviting people who actually work in various fields. Second, she states that professional tutors should provide classes to help the students prepare for college entrance exams.

Baron Williams, a former TOYA High School teacher, takes a

different approach. He, like Linda Smith, believes that career education should be offered, but that it should be delivered by schoolteachers. He also argues that students should be encouraged to work part-time.

In my opinion, the most effective approach is to provide career education by people who are actually working. This way, students can concentrate on their studies while effectively broadening their horizons. Teachers may be better at teaching, but in career education, it is more important for students to be exposed to real voices from the workplace. (226 words)

〔日本語訳〕

桐夜高校の4年制大学への進学者数は，2000年から2020年までで大きく減少しました。2000年には300人が大学に進学しましたが，2020年にはその半分になっています。半数以上の生徒が，「4年制大学で何を学びたいのかわからない」と答えました。また，33％の学生が「学力に自信がない」，13％が「学費が払えない」と回答しました。

ゲッコー大学教育学部で教鞭をとるリンダ・スミスは，2つの解決策を提案しています。第一に，実際にさまざまな分野で活躍している人を招き，桐夜高校の生徒たちにキャリア教育を行うべきだと彼女は主張しています。第二に，プロの塾講師が大学受験に向けた授業を行うべきだとしています。

元桐夜高校の教師であるバロン・ウィリアムスは，別のアプローチをとっています。彼はリンダ・スミスと同じように，キャリア教育を提供するべきだと考えていますが，それは学校の教師が提供すべきものだと考えています。また，生徒がアルバイトをすることを奨励するべきだとも主張しています。

私が思うに，最も効果的なアプローチは，実際に働いている人たちが

キャリア教育を行うことです。そうすれば，学生は勉強に集中しながら，効率的に視野を広げることができます。教えるのは教師のほうが上手かもしれませんが，キャリア教育では，現場の生の声に触れることがより重要です。

【問題文 "Education News"】全訳

　教育が子どもの可能性を広げるものであることはだれもが知っていることです。しかしながら桐夜（とうや）高校の生徒たちはその例外のようです。過去20年間で桐夜高校から4年制大学に進学する生徒は半分に激減しています。

　この問題に対処する方法はいくつかあります。ゲッコー大学教育学部で教鞭（きょうべん）をとるリンダ・スミス氏は将来自分がどのような仕事に就きたいかを生徒たちが明確にイメージできるようにすることが大切だと述べてます。「桐夜高校のほとんどの生徒は世の中にどのような仕事が存在するのかを知りません。そうした状況では大学で学ぼうという気にならないのも仕方がないことです。桐夜高校に社会人講師を招きさまざまな仕事について生徒に教えることは彼らの将来への希望を持たせることになるでしょう」と彼女は言います。

　ただ，別のアプローチもまた必要であると彼女は主張しています。「プロの塾講師を高校に招き放課後に大学入試用の特別授業を実施してもらうのです。」と彼女は言います。これによって生徒は大学に合格するための学力を付けることができると彼女は考えています。「たとえ将来に対する希望を持ったとしてもそれを叶（かな）える手段を持たなければ意味がありません。また，今は夢がなくとも，自らの学力に自信がつくことで生徒たちは自分たちが自らに期待してよいのだと信じることができるようになるのです。」と彼女は述べています。

　実際に，同様の問題を抱えていた韮川（にらかわ）高校では，これらの取り組み

はすでに数年前から実施されています。その効果は目を見張るものがあります。以前は韮川高校の4年制大学への進学者は全体の20%程度でした。しかし，リンダ・スミス氏のこうしたアドバイスに従った結果，現在韮川高校からの4年制大学進学者は60%を超えてます。「最終的には生徒たちは自分たちで行動しなくてはなりません。ただ，子どもが自らの足で歩きだすその瞬間までは我々大人が最大限のサポートをしてあげることが重要なのです」と彼女は述べています。

【問題文 "*Letter to the editor*"】全訳

編集長様,

　かつて桐夜高校で生徒たちの成長に関わった身として，今回の記事を非常に深い関心をもって読ませていただきました。生徒たちが未来に向かって希望を持つことができることはとても大切なことです。

　しかし，少々腹立たしく感じる部分もあります。こうしたいわゆる専門家は，高校生を何もできない無力な存在だと考えているようです。子どもたちは大人の支えがなければ自ら夢を探すこともできないとでも考えているのでしょうか。また教師たちには生徒たちを導く力がないとでも考えているのでしょうか。

　そもそもこうした提案には大切な視点が欠けていると感じます。教育とは子どもの自立を促すためのものです。そのためには大人がなんでもやってあげるのではなく，子どもたち自身が自ら試行錯誤する機会を与えることが重要です。今桐夜高校の生徒たちに必要なのは，自分たちが社会に赴くことです。そのためには生徒たちに，特に大学入試への影響の少ない高1生・高2生に，アルバイトをすることを推奨するべきです。1日に数時間でも社会の一員になる経験をすることで，

生徒たちは自分が社会にどう貢献できるかを考えるでしょう。そうした活動が大学教育を受けることの意欲を高めると同時に，経済面でも大学進学を後押しすることになります。

もちろん学校での職業に対する授業も欠かせません。ただ，こうしたキャリア教育は外部からの人間によってではなく，生徒をよく知る教師たちの手で行われるべきです。教師は教育のプロです。安易に外部の人間にその教育という仕事を委ねることは教師としての責任を放棄することです。社会と教師が連携して生徒を適切にサポートし自立を促すことこそ教育の役割なのだと信じています。

敬具
バロン・ウィリアムス

　全訳から英文を書いてみたり，解答例の表現を覚えたり，**解答例は「自分のもの」にする意識**を持つようにしてね。
　今回，文法では関係詞が登場し，ライティング問題でも技能統合型のややレベルの高い問題に挑戦してもらったよ。盛りだくさんなので復習のしがいがあるはずだ。さぁ，**授業の終わりは復習のはじまり**。頑張ってね。

CHECK ☑ 重要語句チェック

- □ censorship 名「検閲」
- □ principle 名「原則」
- □ following 形「次の」
- □ limit 名「限界，制限」
- □ racist 形「人種差別主義者の」
- □ hate speech 名「ヘイトスピーチ」
- □ against 前「…に反対して」
- □ justify 動「正当化する」
- □ freedom 名「自由」
- □ democratic 形「民主的な」

- ☐ threat 名「強迫，脅し」
- ☐ citizen 名「市民，国民」
- ☐ secure 形「不安のない」
- ☐ post 名「投稿」
- ☐ encourage 動「助長する」
- ☐ terrorist 名「テロリスト」
- ☐ election 名「選挙」
- ☐ fake news 名「フェイクニュース」
- ☐ generate 動「生み出す」
- ☐ agency 名「機関」
- ☐ non-democratic 形「非民主主義の」
- ☐ spread 動「広げる」
- ☐ misinformation 名「誤報」
- ☐ propaganda 名「プロパガンダ」
- ☐ regulation 名「規制」
- ☐ stability 名「安定」
- ☐ maintain 動「維持する」
- ☐ protect 動「守る」
- ☐ minimal 形「最小限度の」
- ☐ unregulated 形「規制されていない」
- ☐ describe 動「述べる」
- ☐ solution 名「解決策」
- ☐ broaden 動「広がる」
- ☐ exception 名「例外」
- ☐ tutor 名「講師」
- ☐ conduct 動「行う」
- ☐ academic 形「学問の」
- ☐ meaningless 形「無意味な」
- ☐ expectation 名「期待」
- ☐ spectacular 形「目を見張るような」
- ☐ previously 副「以前は」
- ☐ ultimately 副「最後に」
- ☐ aspect 名「局面，側面」
- ☐ somewhat 副「いくぶん」
- ☐ frustrating 形「いらいらさせるような」
- ☐ so-called 形「いわゆる」
- ☐ incapable 形「…できない」
- ☐ search 動「探す」
- ☐ incompetent 形「能力のない」
- ☐ proposal 名「提案」
- ☐ perspective 名「視点」
- ☐ purpose 名「目的」
- ☐ part-time 形「パートタイムの，非常勤の」

- □ contribute　動「提供する」
- □ motivate　動「意欲を起こさせる」
- □ financially　副「経済的に」
- □ outsource　動「外部に委託する」
- □ outsider　名「部外者」
- □ cooperation　名「協力，連携」
- □ confident　形「自信のある」
- □ argue　動「主張する」
- □ concentrate　動「集中する」
- □ horizon　名「視野」
- □ workplace　名「仕事場，職場」
- □ neglect　動「怠る」
- □ significantly　副「著しく」
- □ ability　名「能力」
- □ effective　形「効果的な」
- □ broaden　動「広げる」
- □ expose　動「触れさせる」

第8講 意見論述問題③ 〈意見表明型〉

Study 📖

接続詞

　今回は「社会的なテーマ」に関する意見を述べる問題に挑戦しよう。その中で，英検準1級の意見論述型問題の攻略ポイントにも触れるよ。

STEP1　四択英文法問題

ライティング

　今回のテーマは「接続詞」。学習が進んだ人でも間違えることの多い分野だからしっかりね。

　次の各問題の空所に入れるのに最も適当な語句を，①〜④のうちから1つ選びなさい。

(1) The show received poor ratings, (　　　　　　) it was financially successful.

① and

② however

③ so

④ but

(2) (　　　　　　) she looked quite relaxed, she was secretly anxious.

① Because

② Yet

③ Despite

④ Although

(3) I asked Nina (　　　　　　) she would like to go shopping with me.

① that

② because

③ if

④ even if

(1) ④（そのショーは評価が低かったが，経済的には成功した）

　接続詞は「SV と SV をつなぐ」働きをすることばだ。

　この「つなぎ方」には 2 通り
あり，その違いによって，「等
位接続詞（いせつぞくし）」と「従属接続詞（じゅうぞくせつぞくし）」と
呼ばれている。どういった違い
があるのか確認していこう。

　「等位接続詞」はその名のとおり，「ことばを対等な関係でつなぐ」接続
詞だ。先ほどから出てきている「SV と SV」だけじゃなく，語（単語）や
句（準動詞のカタマリなど）もつなぐことができる。

　等位接続詞を使う際の重要なポイントは，「原則として，つなぐもの同士
の “あいだ” に挟んで使う」ということだ。意味的な違いなど，従属接続
詞と異なる点はほかにもあるのだけれど，まずはこの点がライティング上
はとても大切になるよ。

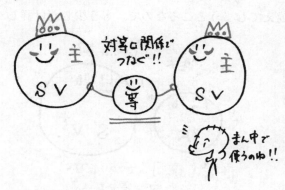

　それに対して，「従属接続詞」は SV と SV を，主従関係をもたせてつな
ぐ接続詞だと言える。ちょっと難しいね。

　要するに，「一方の SV のカタマリを，もう一方の SV にとっての “部品”

にする」接続詞だということだ。これまでも見てきたとおり，「大きな名詞や副詞」を作る接続詞と考えるとイメージしやすいかもしれない。

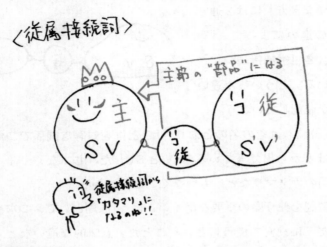

〈従属接続詞〉

主節の "部品" になる

主 S V

従 S'V'

従 従属接続詞から「カタマリ」になるのゆ!!

　従属接続詞を使う際には，「カタマリの先頭で使う」こと，そして「従属接続詞のカタマリだけで文を終えない」ことをまずは重要なポイントとして意識してほしい。

　「従属接続詞のカタマリだけで文を終えないこと」については，特に多くの生徒が間違えてしまうところなので，もう少しだけ詳しく説明しておこう。

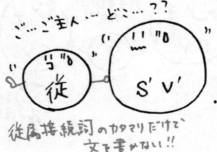

ご…ご主人…どこ…??

従 S' V'

従属接続詞のカタマリだけで文を書かない!!

　例えば，「大雨が降ったので，その試合は延期になった」という文を英語にする場合，次のように書くのは文法上問題がない（アとイの2つが一般的な使い方ではあるけれど）。

```
（ア）The game was postponed because it rained heavily.
（イ）Because it rained heavily, the game was postponed.
（ウ）The game was, because it rained heavily, postponed.
```

　これは，従属接続詞である because からはじまるカタマリが，「副詞節」として働いているからだね。

　副詞は英文のさまざまな場所に置くことができたね。「副詞節」というのは「副詞の働きをするカタマリ」だ。だから，副詞と同じように使えばいいんだね。

　さて，では次の文はどうだろうか。

```
（エ）The game was postponed. Because it rained heavily.
```

　これは，Because からはじまる節1つだけで文を終えてしまっているね。こういった従属接続詞の使い方は，ライティングでは避けたいんだ。もしかすると，「"Why do you like it?" — "Because it tastes delicious." みたいに，because のカタマリだけで使ったことがあるよ？」と思った人がいるかもしれない。

　これは，問われている疑問詞の内容だけを答え，そのほかの部分を省略したために発生する，「会話の中だけで許容されるもの」だと覚えておいてほしい。

　日本語でも「話しことば」と「書きことば」があるように，**英語でも「話しているように書く」のではダメな場合がある**ということだね。

　これで等位接続詞と従属接続詞の違いについてはバッチリだね！　違いは

わかったけど，どれが等位接続詞でどれが従属接続詞なのか判断できない
から使い分けができないって？　**等位接続詞**については，アメリカの小学
校などでも教える「覚え方」があるんだ。

　覚え方はズバリ，"FAN BOYS"だ。"FAN BOYS"は，押さえておきた
い**等位接続詞の頭文字を組み合わせたものだ。従属接続詞は "それ以外"**
と覚えてしまうといい。

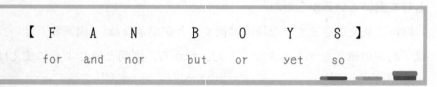

【 F A N B O Y S 】
for　and　nor　but　or　yet　so

　ちなみに"FAN"は"FUN"「楽しい」ではなく，
「うちわ」の意味だから，"FAN BOYS"は「うち
わ少年」だね（笑）。

　今回の問題は，

The show received poor ratings.「そのショーは評価が低かった」
It was financially successful.「そのショーは経済的には成功
　　　　　　　　　　　　　　　　　　　　した」

という2つの文から成り立っているので，接続詞などの「接続することば」
が必要だ。

　赤字で示したのがVだ。**Vの数をかぞえて文の数を確認する感覚**，忘れ
てないね？

　そうすると，この2つの文を論理的につなぐことばは，「しかし・でも・
だが」という逆接の意味のことばだと判断できるはずだ。

　ただ，②も④もその意味の選択肢だね。②のhoweverは「しかし」の意

味を持つ**「副詞」**なんだ。つまり，意味的にはこの2つの文をつなげそう
だけれど，文法的にアウト，ということになる。

正解は等位接続詞の④ but だ。

(2) ④（彼女はとてもリラックスしているように見えたが，内心では不安を
感じていた）

今回も，

> She <u>looked</u> quite relaxed. 「彼女はとてもリラックスしているよ
> うに見えた」
> She <u>was</u> secretly anxious. 「彼女は内心では不安を感じていた」

という2つの文が存在している。

ということは，やはり接続することばが必要になるわけだ。この2つの
文の論理的関係も，**「リラックス（しているように見えた）」**と**「（内心では）
不安（を感じていた）」**という，相反する内容をつなぐことになるので，「し
かし・でも・だが」といった意味のことばが必要ということになる。

この段階で①の Because は消える。

次に，③の Despite は「…にもかかわらず」という意味なのだけれど，
これは前置詞に分類されることばなんだ。つまり後ろに続けられるのは名
詞のみで，SV関係を置くことはできない。そのため③も不正解。

②の Yet はなぜ違うのだろう？「まだ」という意味だから？　実はそれが
不正解となる理由ではないんだ。接続詞の yet には「しかし」というよう
な逆接の意味はある。ただ，yetはFAN BOYSに含まれている等位接続詞だ。
等位接続詞は「つなぐもの同士の"あいだ"に挟んで使う」んだったね。
今回は文頭に空欄があるため使えない。よって正解は④の Although だ。

(3) ③（私はニナに私と一緒に買い物に行くかをたずねた）

　今回の問題は前の2問とは異なり "I asked Nina ⬜⬜⬜⬜." の空欄部分，つまり SVOO という第4文型の目的語の1つが，"she would like to go shopping with me" という文を含んだカタマリでできている。

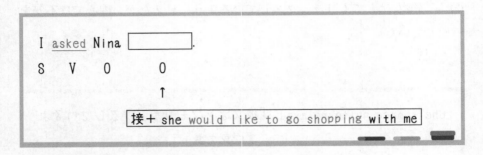

　まさに主節にとっての "部品" を，従属接続詞が作っている感じがするね。今回この "用途" で使える接続詞は，①の that か③の if だ。

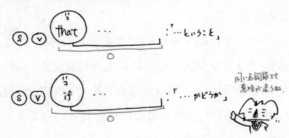

　①と③は目的語として働く名詞節を作ることができる。
このうち **that 節で作った名詞節は「…ということ」の意味**を，**if 節で作った名詞節は「…かどうか」という意味**を表す。今回はたずねている内容なので，if を使う必要があるということだね。正解は③だ。

　that 節と if 節について少し補足。if 節による名詞節は，こういったかたちで O になることはできるけど，S や C や前置詞の後ろの名詞として使うことはできない。その場合には whether を使うよ。ライティングでは迷ったら whether を選択しておくといいね。

　では，次に語句整序問題にチャレンジしてみよう。

語句整序問題

> 　日本語をヒントに，与えられた語句を並べかえなさい。ただし，文頭にくる語も小文字にしてある。
>
> (1) 小さい頃に英語を学ぶことで，子どもたちはより広い視野を持つことができます。
>
> (English at an early age / open-minded / children / learning / help / become / more / can).
>
> (2) 年齢を重ねるほど，人は偏（かたよ）った考えを持ってしまいがちになります。
>
> (older, / you / more / as / biased / you / get / may become).
>
> (3) したがって，世界にはさまざまな人がいて，日本語も数ある言語のひとつにすぎないことを早いうちに知っておくことは有益です。
>
> (and / that / it is beneficial / there are / many different people in the world / Japanese is / just one of / therefore, / many languages / to learn at a young age / that).

(1) Learning English at an early age can help children become more open-minded.

では，日本語を分析的に考えて英文を作っていこう。

| 小さい頃に英語を学ぶこと | → | 子どもたち | ＝より広い視野を持つ |

まずはこのくらいの関係性に整理できるといいね。

　そうすると，〈SVO＋原形不定詞〉のかたちをとることができる help が

V になるがわかるね。助動詞の can も，help とともに使うことになる。まとめると，

| Learning English at an early age | can help | children |
| become more open-minded. |

というかたちで書けることが見えてくる。

こんなふうに考えることで，覚えた例文を "借りて" 自分の表現したいことが書けるようになるんだった。

では，「海外留学をすることで若者はより国際的な視点を持つことができます」はどう書けばいいかな？

| Studying abroad | can help | young people | become more |
| internationally-minded. |

となるね。

(2) As you get older, you may become more biased.

2つの SV 関係から成り立っているね。まずは解答を構成する，2つの短めの文を書いてみよう。

---

① 人は年を重ねる。

⇒ You <u>get</u> old.

② 人は偏った考えを持ってしまいがちになる。

⇒ You <u>may become</u> biased.

この2つの文は，「①が進むと②も進む」という関係性にある。つまり，「比例」の関係だ。

その意味合いでつなぐ接続詞は **as** だ。この as を，「主節ではないほう」，つまり「年を重ねる」の文頭に置くことになる。

「…**ほど，**～」と「ほど」が日本語の文の中央にあるからといって，真ん中に置くことのないようにね。

比例関係である以上，「①が**より**進むと**ますます**②が進む」という意味になるわけだから，比較級を使うことも忘れないように。

その結果，

> As you get older , you may become more biased.

という文ができあがる。なお，英語で「一般の人，人々」を主語とした「一般論」を表す際の主語は，"you" や "people" を使うのが基本ということも押さえておこう。

(3) Therefore, it is beneficial to learn at a young age that there are many different people in the world and that Japanese is just one of many languages.

さぁ，長いけれど，これも分析していこう。

> したがって，
> |世界にはさまざまな人がいて，日本語も数ある言語のひとつにすぎないことを早いうちに知っておくこと| ＝ 有益
>
> ⇓ 主語が長いので，仮主語 it を置く

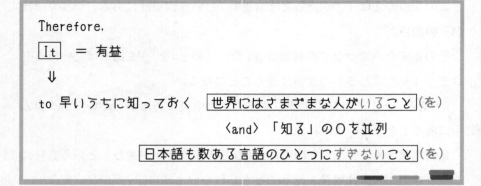

このくらいまで考えられれば，

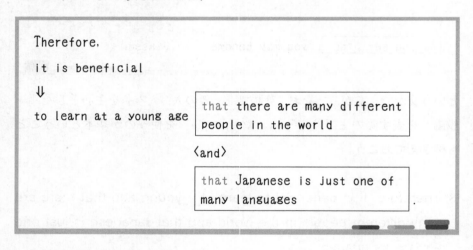

と組み上げることができるはずだ。

　今回は **learn の目的語として that 節による名詞が使われていることがポイント**だね。従属接続詞の働きのイメージが湧いてきたかな。また，文頭にくる「therefore」は「したがって，それゆえ」の意味になる副詞だ。意味だけみると接続詞のように感じられてしまうけれど，接続詞ではないので気をつけよう。

STEP3 <small>ライティング</small>　　　自由英作文問題

では，次のテーマで文章を書いてみよう。**しっかりと構成をしてから書くことを忘れずにね。**制限時間は【25分】にしておこう。

なお，今回は英検準1級型の対策もしてもらおうと思っているんだ。次のページに，この形式ではおなじみの "POINTS" の提示がしてあるので，英検準1級を受験する人，及び今回のテーマでアイデアが浮かばない人は，まずそちらを見てから取り組んでね！

では，スタート！

問題1

Do you think it is important to study space and other planets such as Venus? Give at least two reasons and support each with at least one detail or piece of evidence. Write in about 120 words.

※ Venus「金星」

〈東北大学　2022年（改題）〉

「宇宙や金星などの惑星を研究することは重要だと思うか」という，自分の意見を答えさせる問いだね。宇宙開発などの「**社会的なテーマ**」は，英検準1級などでもよく問われる内容なんだ。

こういったテーマは，**そもそも何を書いていいか思いつかない！**という人も多い。そのため，**いかにふだんからさまざまな出来事に関心を持っているか**ということが大切になってくる。アンテナは常に高くしておこうね。

自由英作文には，このような「知らなければ書けない」という問題が登場することも多いんだ。そういった出題について，「純粋な英語の力を試していないのではないか」という批判は確かにある。しかし，そもそも **"背**

景知識と結びついていない言語力"などというものは，大学入試レベルでは存在しないと思っておくといい……と，これは今回の後半への伏線（笑）。

　まずは，こうした「知らなければ書けない」という状況に対して英検準1級が行っている「対応」と，それに関して気をつけてほしいことについて，詳しく見ていこう。

! 論理展開ポイント

英検準1級の場合，次のような "POINTS" が与えられている。

POINTS
- *Planetary knowledge*
- *Improved chances of survival*
- *Money priorities*
- *Practicality*

　英検準1級では，この候補の中から必ず2つを使い解答する必要があるんだ。

　英検2級でも似たかたちで POINTS が提示されるのだけれど，2級では与えられた POINTS 以外の観点から解答することもできる。準1級ではそうした「自由」はないということだね。

　こうした対応には，まずは，テーマが求める「前提となる知識」を受検者が持っていない場合に備える，及び，解答作成時間を短縮する，という狙いがあると考えてよいと思う。

　あらかじめ与えられた POINTS にそって解答してもらうことで，「構成する負担」を軽減することができるからね。

ただ，これが与えられているから安心か，というとそうではないんだ。多くの生徒が，この出題形式の意味をちゃんと理解しておらず，自信満々で解答を書いて不合格となって帰ってくる。それは，この出題の仕方のもう1つの狙いに，**「名詞化された情報を文章化・具体化させる」**ことも含まれていることを見逃しているからなんだ。

先ほどの POINTS に日本語訳を付けたものを見てみよう。

POINTS
- *Planetary knowledge*「惑星の知識」
- *Improved chances of survival*「生存確率の向上」
- *Money priorities*「お金の優先順位」
- *Practicality*「実用性」

日本語訳を見ればよりハッキリわかると思うけど，与えられている POINTS は，すべて**"理由"**となり得る情報を名詞のかたちでまとめたものだね。

つまり，単純にこれらの言葉をそのまま「理由」として書いても，解答としては不十分なものになってしまうということだ。

これらの名詞が表している内容を文のかたちで具体的に書いて，はじめて理由として成立するんだね。

このように，英検準1級の出題方法には，「与えられたヒントをもとに発想・展開させる」という狙いがあるということは知っておいてほしい。

いわば，「要約されたものを"ひらく"」作業が求められているんだ。

ところが，多くの受検者が，与えられた POINTS をそのまま英作文の中に書いてしまう。さらに良くないことには，POINTS の名詞がちょっと難しい表現だったりするために，上手に書けたような気持ちになって，自信満々

で受検を終えてしまう。

　結果うまくいかないということが起きるわけだね。そういった生徒の再現答案を見せてもらうと，

```
It is important to study space and other planets like
Venus. First, this is because of planetary knowledge. ...
```

というような書き方になっていたりする。

　これでは主張の理由としては不十分だね。なぜなら，planetary knowledge「惑星の知識」があることが，どう主張を支える理由となるのか，そもそもどのような理由に関するキーワードなのかが，きちんと考えて表現されていないからだ。

　その意味では，POINTS が与えられているとはいえ，「書く前に考える」必要があることは変わらない。

　では，今回の POINTS を見て，どのようなことを考えたらよいだろう。

　読み進める前に，もう一度キーワードを読んで少し考えてみてね。

　今回のキーワードならば次のようなことを考えることができる。次ページに，「考え得る内容」を日本語で，「文章化・具体化を英語でした場合のサンプル」を英語で示すので，確認してね。

POINTS

- *Planetary knowledge*「惑星の知識」

  ⇒ さまざまな惑星や太陽系について知ることができる。そのことで
  なぜ地球がほかの惑星と異なるのかなども知ることができる。（※
  問いにある金星は地球と組成が非常に似ている点などにも触れら
  れる可能性がある。）

  ⇒ Studying other planets helps us understand Earth and our solar
  system better.「ほかの惑星を研究することは，私たちが地球や太陽系
  をよりよく理解することに役立ちます」

- *Improved chances of survival*「生存確率の向上」

  ⇒ ほかの惑星や宇宙探査について研究が進むことで生命が存在可能
  な惑星を発見するなど，将来地球に住めなくなった場合に人類が
  移住できる星が見つかる可能性がある。

  ⇒ Understanding other planets and space exploration could help
  humanity find potential new homes or resources, increasing our
  chances of survival in the face of future threats to Earth.「ほかの
  惑星や宇宙探査を理解することは，人類が新たな居住地や資源の候補
  を見つけることに役立ち，将来の地球への脅威に直面しても生き残る
  可能性を高めることができます」

- *Money priorities*「お金の優先順位」

  ⇒ 宇宙研究に莫大な費用をかけるのではなくまずは地上の，地球上
  の問題の解決に優先的に資金を投入するべきだという考えも存在
  している。

  ⇒ Some people think we should spend more on solving Earth's
  problems than on studying other planets.「ほかの惑星の研究よりも，
  地球の問題解決に力を入れるべきだと考える人もいます」

● *Practicality*「実用性」

⇒ 宇宙やほかの惑星を研究することが本当に人類の抱える問題や近
い将来抱える問題の解決に役立つのか，こうした研究に本当に実
用性があるのか，と疑問を呈{てい}する人たちもいる。

⇒ Some people doubt if learning about other planets will really help
us in the near future.「ほかの惑星について学ぶことが，近い将来，
本当に私たちの役に立つのかどうか，疑問に思う人もいます」

どうだったかな？ これは解説なのでかなり細かく説明したよ。でも，本
番でこのステップを簡単にでも挟まずに，「ヒントがある！」という認識だ
けで，構成も雑，内容も雑，英文の間違いも多い，となったら合格点に達
するはずがないよね。

大学入試で民間英語資格試験を利用する場合に，一般的な受験生が取得
できる最も恩恵の大きい資格が英検準1級ということになると思う。そう
いった試験が「簡単」なハズがない。これまでの授業の内容もふまえて準
備するようにね。

また，ここで見てきた発想方法は，「アイデアがキーワードのかたちで浮
かんではくるけれど，うまく書けない」という悩みを抱えている人にも重
要なものだ。英検準1級を受検しない人も，「自分には必要ない」なんて考
えることがないようにしてね。

では，以上をもとに**構成**を確認してみよう！

【解答】の構成

1 主張：宇宙や金星のようなほかの惑星を研究するのは重要なことだ。

2 理由①：第一に，それは（宇宙や金星のようなほかの惑星を研究す
ることは）私たちが住んでいるところについて多くを教えてくれる。

---

3 具体①：私たちの住む惑星や太陽系がどのように形成され，どのように変化してきたかを知ることができるということだ。

4 具体②（さらに具体化）：例えば，金星を研究することで，同じような構造をしているにもかかわらず，なぜ地球のような惑星とこれほどまでに違うのかを知ることができる。

5 理由②：第二に，私たちは自分たち自身について学ぶことができる。

6 具体①：ほかの惑星を調べることで，そこに生命の痕跡(こんせき)があるかどうかを知ることが可能だ。

7 具体②：これは，私たちが惑星を生命にとって適した場所にするものは何なのかを知り，地球以外の惑星に生命を発見する可能性を高めることに役立つ。

8 まとめ：これらは，人類の未来の生存可能性を高めるという点で人類社会に貢献するものだ。

　どうだったかな。今回は「宇宙や金星などの惑星を研究することは重要だ」という立場から，「惑星の知識」に関する理由と「生存確率の向上」に関する理由を挙げているね。

　1つ目の理由の具体化部分で，問いの中で例示されていた Venus についても触れている。

　また最後の文で，惑星や太陽系について深く知ること，及び，生命の存在する惑星を発見することが人類の将来的な生存可能性を高め，それゆえに社会に貢献するものである，と述べることによって「重要だ」という主張を支えているね。

　1センテンス10〜15語で考えれば，120語は8センテンス程度の量だ。ちゃんと8つの文に役割を与えられたかな。

　では，最後に**解答例**を確認しよう。各文がどのような英語で表現されて

いるかを確認してね。

問題1【解答例】

It is important to study space and other planets like Venus. First, it tells us a lot about where we live. We can learn about how our own planet and the solar system were formed and changed over time. For example, studying Venus can teach us why a planet like Earth is so different from it, even though they have a similar makeup. Second, we can learn about ourselves. By looking at other planets, we can find out if there are any signs of life there. This can help us learn more about what makes a planet a good place for life and increase the chances of discovering life beyond Earth. These contribute to human society in that they enhance the possibility of our future survival. (126 words)

〔日本語訳〕

　宇宙や金星のようなほかの惑星を研究するのは重要なことです。まず，それは私たちが住んでいるところについて多くを教えてくれます。私たちの住む惑星や太陽系がどのように形成され，どのように変化してきたかを知ることができるのです。例えば，金星を研究することで，同じような構造をしているにもかかわらず，なぜ地球のような惑星とこれほどまでに違うのかを知ることができます。次に，私たちは自分たち自身について学ぶことができます。ほかの惑星を調べることで，そこに生命の痕跡_{こんせき}があるかどうかを知ることが可能です。これは，私たちが惑星を生命にとって適した場所にするものは何なのかを知り，地球以外の惑星に生命を発見する可能性を高めることに役立ちます。これらは，人類の未来の生存可能性を高めるという点で人類社会に貢献するものです。

これで英検準1級の形式の取り組み方も理解できたね。やり方がわかってから演習をするのと闇雲に問題をたくさん解くのでは効果が段違いだよ。

そうそう，4行目，For example, studying Venus can teach us why a planet like Earth is so different from it, even though they have a similar makeup.「例えば，金星を研究することで，同じような構造をしているにもかかわらず，なぜ地球のような惑星とこれほどまでに違うのかを知ることができます」の部分で，「～にもかかわらず（たとえ～でも）」の表現は，接続詞の "even though" か "even if" を使うことができるね。

この部分で副詞の even だけでは，SV と SV（ここでは studying Venus can teach …と they have …）をつなぐことはできないことに注意してほしい。even を接続詞だと思ってしまうというのは，留学経験のある生徒でもやってしまう間違いなんだ。気をつけてね。

では，さらに**今回の問題を 200 語の語数で解答してみよう**。前回 200 語で書いた感覚を大切にしながら頑張ってみてほしい。

ここまでで長い文章を書く際の心構えはもう身についたかな？

「何をどのくらい足せばいいのか」を考えて書いてね。では，再度問題を示しておくよ。

問題 2

Do you think it is important to study space and other planets such as Venus? Give at least two reasons and support each with at least one detail or piece of evidence. Write in about 200 words.

　※ Venus「金星」

〈東北大学　2022 年（改題）〉

できたかな。では，**構成**から見てみよう。

【解答】の構成

1. **主張**：宇宙や金星のようなほかの惑星を研究するのは重要なことだ。

2. **理由①**：第一に，それは（宇宙や金星のようなほかの惑星を研究することは）私たちが住んでいるところについて多くを教えてくれる。

3. **具体①**：私たちの住む惑星や太陽系がどのように形成され，どのように変化してきたかを知ることができるということだ。

4. **具体②**（さらに具体化）：例えば，金星を研究することで，同じような構造をしているにもかかわらず，なぜ地球のような惑星とこれほどまでに違うのかを知ることができる。

5. **理由②**：第二に，私たちは自分たち自身について学ぶことができる。

6. **具体①**：ほかの惑星を調べることで，そこに生命の痕跡があるかどうかを知ることが可能だ。

7. **具体②**：これは，私たちが惑星を生命にとって適した場所にするものは何なのかを知り，地球以外の惑星に生命を発見する可能性を高めることに役立つ。

8. **反対意見に言及する**：たしかに宇宙やほかの惑星を研究することよりも，私たちは地上の，ここ地球の問題に投資をするべきだという人たちもいる。

9. **反対意見に反論する①**：しかし，宇宙や惑星ついて知ることで人類がほかの惑星にいつか移住する可能性が広がる。

10. **反対意見に反論する②**：言い換えれば，これも我々の生存への投資なのだ。

11. **まとめ**：したがって，宇宙やほかの惑星の研究をすることはさまざまなかたちで人間社会に貢献するものであり，それゆえに重要だ。

今回長い英文を書くためにとった方法はなんだったかな？ そうだね，それがここでのポイントだ。

! 論理展開ポイント

▶ 語数を増やすメソッド⑤: 反論⇒再反論

そう，今回の**長い英文を書く方法**は，【反論⇒再反論を使う】だ。

自由英作文を書く際に限らず，説得力のある論理展開をする際には「反対の立場に言及する」ということはとても大切なことだ。そうすることで**自分の主張が独りよがりではなく，バランスのとれた力強いものであることを示すことができる**。

ちょうど子どもが「相手の気持ち」を考えられるようになることで大人になっていくように，こうした論理展開はみんなの文章を"大人"の文章にするんだ。

さて，そうした「反対」や「自分と異なる立場」への言及を大ざっぱに「譲歩」というのであれば，譲歩は文字どおり相手に「歩を譲る」こと，すなわち相手の主張を認めることを意味している。

つまりそのまま，譲りっぱなしになってしまうと，自分の主張や立場が"負け"たままということになる。それではマズいね。

そのため大切なことは，**反論に言及し譲歩したら，必ず再反論するということ**だ。こうして再反論することを「**反駁する（refute）**」と言ったりするのだけれど，これを絶対に忘れてはいけないということだ。本当に信じられないことだけれど，これだけ言っても「譲歩して譲歩しっぱなし」という自由英作文には毎年遭遇する。

必ず再反論する，これを忘れないでほしい。

では，「反論⇒再反論」の表現をいくつか学んでしまおう。

1. It's true that .... However ...

   〔例〕 <u>It's true that</u> exercise is important for health.
   <u>However</u>, excessive exercise can lead to injury and
   exhaustion.
   「健康のために運動が大切なのは事実です。しかし，過度な
   運動はケガや疲労の原因になります」

2. Although ..., ...

   〔例〕 <u>Although</u> many people enjoy drinking coffee,
   excessive consumption can lead to sleep disturbances
   and increased heart rate.
   「コーヒーを好んで飲む人は多いですが，過剰摂取（かじょうせっしゅ）は睡眠障
   害や心拍数の上昇につながる可能性があります」

3. Some might argue ... but ...

   〔例〕 <u>Some might argue</u> that watching TV is a waste of
   time, <u>but</u> educational programs can provide valuable
   information and insights.
   「テレビを見るのは時間の無駄という意見もあるかもしれま
   せんが，教育番組は貴重な情報や気づきを与えてくれます」

4. People often say .... Still ...

   〔例〕 <u>People often say</u> that money can't buy happiness.
   <u>Still</u>, financial security can help reduce stress and
   increase life satisfaction.

> 「お金で幸せは買えないとよく言われます。しかし，経済的
> な安定は，ストレスを軽減し，人生の満足度を高めるのに
> 役立ちます」

5. Of course, ... but ...

〔例〕 <u>Of course</u>, the new technology promises to
drastically change our daily lives, <u>but</u> there are
still many issues related to privacy and security
that need to be addressed.

> 「もちろん，新しいテクノロジーは私たちの日常生活を大き
> く変えることを約束してくれますが，プライバシーやセキュ
> リティに関する対処すべき問題は，まだ多く残っています」

　もちろんほかにもたくさんあるけれど，まずは，ここに挙げたものを使
えるようにしてしまうといい。

　but を however に変えたりするなど，ここに挙げた表現の中でもさらに
バリエーションがあるのだけれど，「接続詞」や「副詞」といった区別に気
をつけて，誤った文を書かないようにね。

　そしてこうした表現の学習を通じて，「反論を挙げたら再反論する」とい
う意識を染み込ませていこう。

　自由英作文では，**「譲歩するのは"自分の主張を強化するため"」** だとい
うことを忘れないようにしてね。ちなみに，先ほどの**問題 1** の解説のとこ
ろで，「反論⇒再反論」の展開が日本語で登場しているよ（→ p. 204）。「伏線」
を確認してみてね。

It is important to study space and other planets like Venus. First, it tells us a lot about where we live. We can learn about how our own planet and the solar system were formed and changed over time. For example, studying Venus can teach us why a planet like Earth is so different from it, even though they have a similar makeup. Second, we can learn about ourselves. By looking at other planets, we can find out if there are any signs of life there. This can help us learn more about what makes a planet a good place for life and increase the chances of discovering life beyond Earth. It is true that some people say that we need to invest more in the problems here on Earth than in the study of space and other planets. However, the more we know about space and other planets, the better chance we have of migrating to another planet someday. In other words, this is an investment in our survival. Therefore, studying space and other planets contributes to human society in many ways and is thus important. (187 words)

〔日本語訳〕

　宇宙や金星のようなほかの惑星を研究するのは重要なことです。まず，それは私たちが住んでいるところについて多くを教えてくれます。私たちの住む惑星や太陽系がどのように形成され，どのように変化してきたかを知ることができるのです。例えば，金星を研究することで，同じような構造をしているにもかかわらず，なぜ地球のような惑星とこれほどまでに違うのかを知ることができます。次に，私たちは自分たち自身について学ぶことができます。ほかの惑星を調べることで，そこに生命の痕跡があるかどうかを知ることが可能です。これは，私たちが惑星を生命にとって適した場所にするものは何なのかを知り，地球以外の惑星に

生命を発見する可能性を高めることに役立ちます。たしかに宇宙やほか
の惑星を研究することよりも，私たちは地上の，ここ地球の問題に投資
をするべきだという人たちもいます。しかし，宇宙や惑星について知る
ことで人類がほかの惑星にいつか移住する可能性が広がります。つまり
これも我々の生存への投資なのです。したがって，宇宙やほかの惑星の
研究をすることはさまざまなかたちで人間社会に貢献するものであり，
それゆえに重要なのです。

今回は，「接続詞」について学び，英文の構造を改めて確認してもらったね。
準動詞と関係詞と接続詞ができていれば，もうさまざまな手法で英文を
「拡張」していくことができるよ。

また，英検準1級のような出題の場合にどのようなことに気をつけなく
てはならないかについても学んだね。英検の対策といえば，「とにかく解く」
という思考停止の対策に陥りがちなので，今回学んだことを生かして，**思
考フル回転**で取り組んでほしい。

✓ 重要語句チェック

☐ Venus 名「金星」

☐ solar system 名「太陽系」

☐ enhance 動「高める」

☐ migrate 動「移住する」

☐ therefore 副「それゆえに」

☐ detail 名「詳細，細目」

☐ makeup 名「性質」

☐ invest 動「投資する」

☐ investment 名「投資」

体験・経験を書く問題②
〈メール・手紙〉

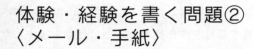

助動詞

　メールや手紙は資格試験でも出題される問題形式なのだけれど，意見論述型の問題と"まったく同じ"だと思っている人が結構いるんだ。今回の授業では，その認識を改めてもらおうと思う(笑)。文法テーマとしては「助動詞」を扱うよ。

四択英文法問題

　　次の各問題の空所に入れるのに最も適当な語句を，①〜④のうちから1つ選びなさい。

(1) My son has just fed that cat. She (　　　　　) be hungry now.

　　① doesn't have to 　　　　② must not

　　③ cannot 　　　　　　　　④ can

(2) His face is familiar. I (　　　　　) him somewhere before.

　　① could meet 　　　　　　② might meet

　　③ should meet 　　　　　　④ must have met

(3) The restaurant demanded that payment (　　　　　) be made in cash.

　　① must 　　　　　　　　　② should

　　③ could 　　　　　　　　　④ would

(1) ③ (私の息子がちょうどその猫にごはんをあげたのです。彼女 [その猫] が今空腹なはずがありません)

　助動詞とは，その名のとおり「動詞を助けることば」なわけだけれど，その **"助け方"** には，大きく分けて 2 通りあるとイメージしておくといい。

　1 つは，「動詞が背負うさまざまな "負担" を背負う」助け方，具体的には人称変化（do の場合）や時制変化などの "動詞がやるべきこと" を代わりに引き受けることで動詞を助けるということだ。

　ちょうどみんなが友だちを助けるときに，色々な話を聞いてあげて，友だちの心の "負担" を少し背負ってあげるようなものだね。

　もう 1 つは，「動詞にさまざまな意味を付加する」助け方，つまり，「can= できる」というような，一義的な枠組みでは収まらないさまざまな意味を動詞に加えることで動詞を助けるということだ。

　いわば，何かに悩んでいる友だちにさまざまなアドバイスして，友だちの進むべき道を示してあげるような助け方だね。まぁ，アドバイスを素直に聞き入れてくれる人なんてまれだけど(笑)。

　大学受験準備としての助動詞の中心は，この 2 つ目の "助け方" にある。だから，**助動詞が持つさまざまな意味に意識を向けることが攻略のカギ**だ。

　さて，問 (1) は **can の意味に関する問題**だ。can の意味としては「可能（できる）」と「可能性（し得る）」をまずは押さえたい。

　可能も可能性も，日本語として "性" が付くか付かないかくらいで，似たように思えるかもしれないけれど，可能は「能力」の意味なのに対して可能性は「推量」を表すのだと考えておくと違いがとらえやすい。

今回は前の文で「ちょうどエサをあげた」と言っているのだから,「空腹」は否定されないといけない。そのため,「可能性」を否定して**「〜のはずがない」**と表現することになる。

　なお,①に使われている have to, ②に使われている must はともに「義務」の意味を持っている（「断定」の意味もあるよ）。この2つは同じように使われることもあるけれど,ちょっと踏み込んだ説明をすると,**have to は「環境や規則など外部から生じる客観的義務」**を,**must は「話し手の信念や倫理観から生じる主観的な義務」**を表す傾向があるんだ。

　こうした意味の違いがあることが意識できていると,① don't have to が「〜しなくてもよい,〜する必要はない（外部が義務を否定する,不必要)」を表すことや,② must not が「〜してはならない（自らに否定の義務を課す／禁止）」という意味を表すことも理解しやすくなるのではないかな。

(2) ④（彼の顔は見覚えがある。私は前にどこかで彼に会ったことがあるに
　　違いない）

　今回のポイントは,前の文で「顔に見覚えがある」と述べたあとに,「彼に前どこかで"会ったことがあるに違いない"」と述べているということだ。

　このような〈助動詞＋ have ＋過去分詞〉の表現はほかにも,

---

a) It must have rained last night.「昨晩雨が降ったに違いない」

b) Koki may have been sick.「コウキは病気だったかもしれない」

c) You should have apologized for your mistake.「あなたは自分のミスについて謝るべきだった」

というようなかたちでみんなの前に登場する。この表現の意味がどういったものになるかについて難しく考えてしまう人も多いのだけれど，これらは「現在から見ての過去について述べる（推量／判断）」という共通点があることに注目すると理解しやすくなる。

その観点からもう一度各文を見てみよう。

---

a) It must have rained last night.「昨晩雨が降ったに違いない」
⇒ 現在目の前に「水たまり」などがあって，それを見て過去に「雨が降ったんだな」と思っている（"過去"というほど大げさな話ではないけれど）。

b) Koki may have been sick.「コウキは病気だったかもしれない」
⇒ 現在のコウキの姿が「ゲッソリしている」などで，それを見て過去に「具合が悪かったんだな」と思っている。

c) You should have apologized for your mistake.「あなたは自分のミスについて謝るべきだった」
⇒ 現在何らかの「揉めごと」などがあって，その揉めごとは相手の当時の行動の不備が原因で今存在しているという場面で，過去に「謝っておけばよかったのに」と思っている。

「現在から見ての過去について述べる」という感覚つかんでもらえたかな。今回の問題も現在「なんかこの顔見覚えあるな…」と思っていて，これは過去に「会ったことがあるに違いない」と思っているわけなので，④が正解となる。しっかりと理解しておこうね。

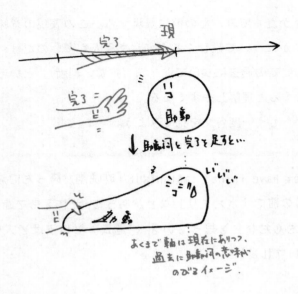

現

完了

完了

助動

助動詞と完了を足すと…

あくまで軸は現在にありつつ、
過去に助動詞の意味が
のびるイメージ.

(3) ② (そのレストランは支払いを現金でするよう要求した)

should には「～すべき（義務）」や「～のはず（推量）」という意味が主にあるけれど，それ以外にも，「要求・命令・提案・当然・不可欠・必要性・望ましさ」などを表す際に用いられるという，重要な使い方がある。例文で確認しておこう。

（ア）I <u>insist</u> that you should attend the meeting tomorrow as your presence is crucial.「あなたの出席が重要であるため，明日の会議に出席するよう強く要求します」

（イ）I <u>suggest</u> you should take a break and relax after a long day of work.「長い一日の仕事の後は，休んでリラックスすることを提案します」

（ウ）The doctor <u>ordered</u> that he should take this medicine twice a day to treat his illness.「医師は病気を治療するために，彼にこの薬を１日２回服用するよう命じました」

（エ）It is <u>necessary</u> that you should wear a helmet while riding a motorcycle to ensure your safety.「オートバイに乗るときは，安全のためにヘルメットをかぶることが必要です」

（オ）It is <u>essential</u> that you should have a balanced diet to maintain good health.「健康を維持するためには，バランスのとれた食生活を送ることが不可欠です」

（カ）It is <u>desirable</u> that you should learn a new language as it can broaden your horizons and improve your career prospects.「新しい言語を学ぶことは，視野を広げ，キャリアを向上させるので，望ましいことです」

本問の demand も「要求」を表す動詞だね。そのため，**要求の内容が示されている that 節内に should が使われる**ことになる。よって②が正解だ。

なお，この使い方の should は省略されることがあることも知っておいてほしい。その場合には「that 節内には動詞の原形」が残ることになるね。

語句整序問題

　日本語をヒントに与えられた語句を並べかえなさい。ただし，文頭にくる語も小文字にしてある。

(1) 先日は来月の私たちの先生の退任パーティーについての打ち合わせをさせていただきありがとうございました。

(for / our teacher's retirement party next month / the meeting the other day / thank you / about / having).

(2) そのときに確認しておくべきだったのですが，そちらのお店は車いすでも利用可能でしょうか。

(I / have / your restaurant / at that time, / wheelchair access / but / checked / would / accept / should) ?

(3) またゲストのおひとりが小麦のアレルギーがあることがわかりましたので，その点の対応が可能かも教えていただけますか。

(that one of our guests / so / accommodate that / we / is / let us know / could you please / allergic to wheat, / also found out / if you can)?

(1) Thank you for having the meeting the other day about our teacher's retirement party next month.

　問 (1) はどんなふうに考えたらよいだろう。日本語から，**"Thank you for ～"** のかたちになることはわかるね。

　問題はそのあとに何を持ってくるかだ。今回のポイントは，**「何に」感謝しているかを分析的に考えること**だよ。

　「パーティーに関してお礼を言っている」では雑すぎるし，「打ち合わせ

についてお礼を言っている」でも一歩足りない。

　今回は「打ち合わせをしてくれたこと（打ち合わせの機会をもってくれたこと）にお礼を言っている」んだ。だから，

```
Thank you for having ...
```

と書くわけだね。

　もちろん "Thank you for the meeting the other day." と表現することはできるけれど，こうして日本語を分析し，与えられた語句を検討して並べ替えないと，最後の最後に having を残してしまうことになる。そして「残った」ことばを適当にくっつけて誤った文にしてしまう人は結構いる。そういう解き方はもう卒業しようね。

(2) I should have checked at that time, but would your restaurant accept wheelchair access?

　まず動詞の数を数えると，2つの文（SV 関係）で出来上がっていることがわかるね。

　加えて，末尾に "?" が付いているので，最後の1文は疑問文になるということも確認できたかな。

　まずは前半部分から見ていくよ。前半は「そのときに確認しておくべきだった」という意味の文だ。

　現在の状況（知りたいことに関する情報を持っていない状況）**から考えて，過去**（そのとき／打ち合わせをしたとき）**に確認しておくべきだった**と述べているのだから，〈助動詞＋ have ＋過去分詞〉を使うべき場面だ。

　次に後半だ。日本語には，「車いすでも利用可能か」と書いてあるけれど，例えば「利用可能」を意味する単語は語群にないね。どうも動詞としては

accept を使うことになりそうだ。

そこまでわかれば，"accept wheelchair access" という表現にたどり着けるはずだ。

なお，ここで出てきた「車いす」のような表現は，意外と知らないことが多いものだけれど，入試では書かされることがあったりする。意識的に覚えておこう。

(3) We also found out that one of our guests is allergic to wheat, so could you please let us know if you can accommodate that?

この問題は，日本語の文がかなり「日本語らしい日本語」になっているね。こうした場合には，日本語を「英語に直しやすい日本語」にまずは読みかえよう。

---

① 私たちは，また，ゲストのうちのひとりが小麦のアレルギーだとわかった。

⇒ 私たちは，また，[ゲストのうちのひとりが 小麦のアレルギーだ] とわかった。

⇒ We also found out [that one of our guests is allergic to wheat].

② その点に対応できるかどうか私たちに教えてくださいますか。

⇒ [その点に対応で きるかどうか] 私たちに教えて（知らせて）くださいますか。

⇒ Could you please let us know [if you can accommodate that]?

というかたちで表現できることがわかる。

あとはこの2つを接続詞 so でくっつけてあげればいい。

なお，今回の問題に登場している *be* allergic to *A*「A にアレルギーがある」や accommodate *A*「A を聞いてあげる，A に対応する」は，こうした「問い合わせ」という設定の問題で使える表現なので，押さえておこう。

今回の文法テーマである「助動詞」に関連して，(2) と (3) について補足しておこう。この2つの問題で，

> (2) "...would your restaurant accept wheelchair access?"
>
> (3) "...could you please let us know if you can accommodate that?"

という助動詞の使い方が登場していたことに気づいたかな？「助動詞の過去のかたちを現在時制の中で使う」と「確度（確信の度合い）が下がる」ためだ。**これによって「丁寧になる」と言われている。**

大ざっぱに説明してしまうと，例えば (3) 相手が「知らせてくれる」ことに対する確度が高いと判断していると "Can you ...?" と言うことになるけれど，これは「知らせてくれるんでしょ？」という感じで，相手に何かをお願いする態度としてはやや不躾な印象を与えるんだ。

実際に自分がこうした表現を使うことを想定したら，丁寧に伝えておくにこしたことはない。そういった点にも配慮しよう。

では自由英作文問題を解いていこう。

制限時間は【25分】でやってみよう。よーい，スタート！

問題 1

You write an advice column called Advisor Aoki for the local newspaper. People send you letters describing problems in their lives and you publish replies advising them. Today you've received the letter below.

Write your reply in English in 100 to 130 words. Then, in the box on the answer sheet, write the total number of words that you have written in your reply.

Dear Advisor Aoki,

I don't know what to do. I'm a student finishing my second year of high school in Nagoya. I love dancing and have been a dancer for most of my life. I've just been accepted to a prestigious dance academy overseas. Going there would mean quitting school, moving to a foreign country, and dancing full-time. It would be a step towards a career as a professional dancer.

The problem is that my parents are against my quitting school. They want me to stay in school in Japan and prepare for university entrance exams. They tell me, "You could have a nice stable career as a civil servant."

My parents only want what's best for me, but I'm not sure that they understand what is best for me now. I don't want to miss this great opportunity to dance.

Advisor Aoki, what should l do? Please advise me!

Yours sincerely,

Dynamic Dancer

〔解答欄〕

Dear Dynamic Dancer,

(In 100 to 130 words)

Kind regards,

Advisor Aoki

Total number of words : (　　　　　)

〈名古屋市立大学　2018 年〉

　テーマは,「"親が勧める安定した進路(将来)を選択するべきか,たとえ将来が不安定でも,自分のやりたいと思う進路(将来)を選択するべきか"という手紙での相談にアドバイスを送る」というものだね。

　これはいわゆる「メール・手紙型」の問題ということになるのだけれど,今回は,**このタイプの出題はどのようなものがあるのか**,また,**どんなことに気を付けなくてはいけないか**をポイントとして取り上げてみよう。

「メール・手紙型」の出題には大きく分けて2つのタイプがある。

1つは①「日常で発生し得る"問い合わせ"などを書かせるタイプ」，もう1つは②「メール・手紙の形式ではあるが，基本的には意見論述型と同様の内容を書かせるタイプ」だ。

STEP 2で取り組んでもらった語句整序問題は，この①のタイプの出題に対応できる内容になっていたこと，気づいてもらえたかな。

大学入試だけではなく，GTEC（ジーテック）などでも，こうした「日常的なやりとり」に関連した問題は出る。

このような問題に取り組む場合，「そういった状況では通常どのようなことを伝えるのか，そしてそれはどう伝えるのか」について考えたことがあるかないかが，大きな差となって表れてしまうことが多いんだ。

今回の語句整序問題のような「①飲食店への問い合わせ」以外にも，「②大学や学校などへの問い合わせ（奨学金について質問するという問題が出たこともある）」や，「③商品に関する問い合わせ（在庫の確認，商品の詳細の問い合わせ，配達状況の確認などなど…）」などさまざまな設定が考えられるね。

つまり，**簡単そうに見えて，実は"世間知らず"では攻略できない問題**なんだ。ふだんから「これを英語で聞くなら……」というような意識は持っておこう。

それに対して，今解いてもらった自由英作文の出題方式は，はじめに挙げた②，つまり「メール・手紙の形式ではあるが基本的には意見論述型と同様の内容を書かせるタイプ」だね。

今回の手紙での相談も，

A) Do you agree/disagree with the following statement?
"It is better to do what you love for a living even if it is not financially stable."

「"経済的に安定していなくとも自分の好きなことを仕事にするほうがよい" という意見に賛成か／反対か」

B) Which is more important when choosing a job. "being financially stable" or "doing the job you want to do"?

「仕事を選ぶ際に大切なのはどちらか。"経済的に安定していること" か，それとも "自分のやりたい仕事をすること" か」

C) What do you think is the most important factor to you when choosing a future job?

「将来の仕事を選ぶ上であなたが最も大切だと思うことは何か」

というような出題に容易に読みかえることができる。

　やはり，メール・手紙の形式をとった意見論述問題だと言えるわけだ。

　では，通常の意見論述問題と全く異なるところがないか，というと，そういうわけではない。

　今回の問題文中ではそうなっていないのだけれど，メールや手紙の場合

には，形式上の違いとして，基本的に**「書き出しの字下げ（インデント）をしない」**ことが挙げられる。意見論述のライティングでインデントをしないと「書き方の不備」として減点対象となることがあるけれど，メールや手紙の場合にはこの限りではないということだ（ただ，こういったタイプの問題では"はじめのあいさつ"のような冒頭の1文があらかじめ与えられていてインデントについて気にしなくてもいいように配慮してある問題も結構ある）。第7講，STEP 3の問題2で，記事にはインデントがあり，手紙にはインデントがなかったことをもう一度確認してみてね。

もう1つは，もちろん，**「相手に語りかけるように書く」ことが必要**だということだ。あくまでもメールや手紙を書いているのだという意識で書くことを心がけなくてはいけない。

具体的には，「一般人」を表す you ではなく，**「まさにそのメールや手紙を受け取る相手」としての you の使用を意識**してもらいたいんだ。

また，論理の展開についても，「"目の前の（返事を受け取る）相手"を説得すること」に意識を向けたものになっている必要がある。「意見論述問題と同じ」という点のみに気持ちを支配されて，「"受け手"を完全に置き去りにした答案」を書いてしまう人がいるけれど，それではダメだということだ。

例えば，日常生活の中で，お父さん，お母さんが，子どもに「野菜なんか食べたくない！」と言われたとしたら，「そうかー。たしかにお野菜の中には苦いものもあるもんね。でも，あなたの体が元気に大きくなるために，

お野菜は頑張ってくれるんだよ。ちょっと苦いお野菜も，体の中でバイキンさんと戦ってくれるんだよ」といった答え方をするのではないかな。

　この中には「譲歩⇒反論⇒メリットの提示⇒具体化」が含まれているね。相手への返答であることを忘れず，かつ，"論理展開"があるわけだ。

　これを，

> 子：野菜なんか食べたくない！
>
> 親：私はその主張に反対です。なぜなら野菜は人体にとって有益だからです。例えば，カボチャなどの緑黄色野菜は"体の調子を整える"と言われます。たしかに一部の野菜は子どもにとって苦く感じたりするなど，摂取に躊躇（ちゅうちょ）することがあるのもわかります。しかし，こうした栄養を日常的に摂取することは免疫力（めんえき）向上などの観点からも必要なことなのです。

とか言ったらどうだろう。怖（こわ）いよね（笑）。

　目の前の子どもが目に入っていない感じがするのではないかな。こうした，「"受け手"を完全に置き去りにした答案」にしてはいけないんだね。でも，結構多いので気をつけてね。

　では，そのあたりがどのように表現されるのかに注目しながら，「**構成**」を日本語で確認してみよう。

┌─────────────────────────────────────┐
　　　　　　　　　　【解答】の構成

１ 主張：私はあなたにそのダンスアカデミーに入り，プロのダンサーとしてのキャリアを追い求めていくことをアドバイスする。
└─────────────────────────────────────┘

233

2 理由：なぜならば人生で最も大切なことはあなたが幸せであること
　　だからだ。

3 相手の具体的状況への言及：有名なダンスアカデミーに合格したと
　　いうことはそれだけこれまでダンスに情熱を注いできたということ
　　だ。

4 その状況への評価：生涯を通じて，そういったものに出会える人は
　　それほど多くない。

5 理由につなげる：それを見つけたならそれと共にあることが幸せへ
　　の道だ。

6 もう一方の立場に言及する：もちろんあなたの両親はあなたにとっ
　　て最善のことを望んでいるから公務員になることをすすめている。

7 もう一方の立場の根拠をなくす：でも，その両親もあなたに幸せに
　　なってもらいたいからそう言っているのだ。

8 行動を促すかたちでアドバイスの趣旨を繰り返す：たとえ生活が安
　　定していなくとも，好きなことをすることが何よりもあなたにとっ
　　て幸せなことだと両親に伝えるべきだ。

特に着目してもらいたい展開部分は，6と7の部分だ。

「もう一方の立場」が存在する場合に，その立場に触れるということはと
ても重要なことだ。通常であれば，単純に「その立場よりもこちらの立場
のほうが……」という展開をすることになるわけだけど，今回はその展開
方法がちょっと「大人」だね。

今回の7の1文は，「"安定した将来"という選択肢も結局は本人の幸福
のために存在するのですよね？　それならば"目的"は同じなのだから，本
人が望み，幸福だと感じるほうをやらせてあげるべきでは？」という主張
だね。

この主張の仕方が「大人」なのは，「親の主張 vs 子どもの主張」という「対

立軸」をなくしている点だ。「同じ方向を向いている」ことを指摘することで"協働"しようとしているわけだね。

　今回は「子どもの味方」をすることになるので最終文が登場することになるけれど，こうした互いの主張の共通点から解決策を模索するような論理性は持っていて損はない。

　議論をする際に，対立する2つの主張が互いを徹底的に攻撃しあう必要はないということだね。

　では，英文を書いていこう。

問題1【解答例】

I advise you to enter that dance academy and pursue a career as a professional dancer. This is because the most important thing in life is that you are happy. Being accepted to a prestigious dance academy means that you have been passionate about dance all your life. Not many people find that throughout their lives. Once you find it, staying with it is the path to happiness. Of course, your parents want what is best for you, which is why they are encouraging you to become a public servant. However, they are saying that only because they want you to be happy. You should tell your parents that even if your life is less stable, doing what you love is what makes you happy more than anything else. (129 words)

〔日本語訳〕
私はあなたにそのダンスアカデミーに入り，プロのダンサーとしてのキャリアを追い求めていくことをアドバイスします。なぜならば人生で最も大切なことはあなたが幸せであることだからです。有名なダンスアカデ

ミーに合格したということはそれだけこれまでダンスに情熱を注いできたということでしょう。生涯を通じて，そういったものに出会える人はそれほど多くありません。それを見つけたならそれと共にあることが幸せへの道です。もちろんあなたのご両親はあなたにとって最善のことを望んでくれているから公務員になることをすすめているのでしょう。でも，そのご両親もあなたに幸せになってもらいたいからそう言っているだけです。たとえ生活が安定していなくとも，好きなことをすることが何よりもあなたにとって幸せなことだと，ご両親に伝えるべきです。

今回の指定語数は 100 〜 130 語なので，【1 センテンス(15 語程度)× 8 文】で 129 語と，指定語数の範囲内に収まっているわけだね。

今回の問題のように「ワード数」を書かせる出題の場合，指定語数が特に心配になってしまうと思うけれど，これまで学んだことを生かして見通しを持って取り組めば，それほど慌(あわ)てることはない。

しっかり構成することが大切だということだね。

ラストにもうひとつ。最終文，You should tell your parents that even if your life is less stable, doing what you love is what makes you happy more than anything else. 「たとえ生活が安定していなくとも，好きなことをすることが何よりもあなたにとって幸せなことだと，ご両親に伝えるべきです」という部分で，赤字の部分に比較表現が使われていることに注目しよう。

今回の問題は 2 つの立場のどちらにするか，ということが問われているわけだけれど，こういった場合に，「もう一方の立場」を意識した表現を使うことはとても大切なことだという点には先ほども触れたね。

その意識はこの最終文にもあらわれているわけだね。何が問われているか忘れないようにしよう。

【問題1の全訳】

　　あなたは，アオキ相談室という名の人生相談コラムを地方紙で書いています。読者が自分の人生における問題について書いた手紙を送ってきて，あなたはそれについて助言をする返事を掲載します。今日，あなたは次のような手紙を受け取りました。

　　100語から130語の英語で，あなたの返事を書きなさい。そして，解答用紙の空欄に，あなたが返事で書いた総語数を書きなさい。

拝啓　アオキ先生，

　　私はどうしたらいいのかわかりません。私は名古屋に住んでいて，もうすぐ高校3年生になります。私はダンスが大好きで，これまでずっとダンスをしてきました。私は海外の有名なダンスアカデミーに入学を認められたところです。そこに行くことは，学校をやめて，外国に引っ越して，ダンス漬けの生活をすることを意味します。それはプロダンサーとしてキャリアのための第一歩になります。

　　問題は，両親が，私が高校をやめることに反対していることです。両親は，私が日本の学校に残って，大学入試に備えて勉強することを望んでいます。「公務員として，すばらしく安定した生涯を送れるんだよ」と言います。

　　両親は私にとって最善のことを望んでいるだけだと思うのですが，今の私にとって何が最善なのかを彼らが理解しているかどうかはわかりません。ダンスをするための絶好の機会を逃したくはないのです。

　　アオキ先生，私はどうするべきでしょうか。アドバイスをお願いします。

敬具
ダイナミック・ダンサー

では，次はこんな問題に取り組んでみよう。今回のテーマでこの問題が出されてることの意味をちゃんと考えて取り組むんだよ。

問題 2

　以下のトピックについて，自分の考えを 150 ～ 200 語の英文で述べなさい。

Some people like to study alone, whereas others prefer to study with other people. Which do you prefer: studying alone or studying in groups?

〈宮城教育大学　2022 年（改題）〉

さぁ，早速【**解答例**】を見てみよう。出題意図がわかったかな？

問題 2 【解答例】

　I prefer to study in groups. First, studying with others can help keep you motivated. It makes the process more enjoyable and less stressful. This enables you to continue studying without getting bored. When I studied with a friend for a test the other day, I was able to work through the subjects I had difficulty with while complaining about them to my friend. In this way, with my friends, I can overcome subjects that I would avoid if I studied alone. Second, you can learn from the different perspectives and ideas of others. Your friends in the study group can help you know what you don't know, and this leads you to better ways to solve problems. When I work with my friends in class to prepare a presentation, I often find that they have perspectives that I had not thought of, or that I have different perspectives from theirs. Through these interactions, we can make a better presentation. This would not be possible if I were studying alone. (170 words)

どうかな。ピンとこなかった人も，**構成**をみるとわかるかもしれない。そこを確認して，その上でもう１つ，重要なポイントの説明もしていこう。

【解答】の構成

1　**主張**：私はグループで勉強するほうが好きだ。

2　**理由①-1**：まず，ほかの人と一緒に勉強することで，モチベーションを維持することができるからだ。

3　**理由①-2（理由を説明する1）**：（ほかの人と一緒に勉強することで，）勉強が楽しくなり，ストレスが軽減される。

4　**理由①-3（理由を説明する2）**：そのため，飽きることなく勉強を続けることができる。

5　**具体（経験）**：先日，テスト勉強で友人と一緒に勉強した際も，苦手な科目を友人と愚痴りながら克服することができた。

6　**具体と理由をつなぐ**：このように，一人で勉強していたら避けてしまうような科目も，友人と一緒なら克服することができる。

7　**理由②-1（理由を説明する）**：2つ目は，ほかの人の異なる視点や考え方から学ぶことができるからだ。

8　**理由②-2（理由を説明する）**：勉強会の仲間が，その人が知らないことを教えてくれるために，より良い問題解決方法につながるのだ。

9　**具体②-1（経験）**：私が授業で友人と一緒にプレゼンの準備をするとき，自分が考えもしなかった視点や，自分とは違う視点を持っていたりすることがよくある。

　今回の問題では，「自分の経験」を答案の中に組み込んでほしかったんだ。

　問いは，**"Which do you prefer ..."** つまり「どちらの（学習方法）ほうが好きか」を聞いている。学習者に対して学習のスタイルに関する問いを出していて，「解答者の好み」を問う出題なのに「自分の実感」がこもっていない答案では，説得力に欠けるよね。

　今回の答案に自分の経験・体験を盛り込み損ねた人は，無意識に今回の問いを，「"一人で勉強すること"と"グループで勉強すること"のうち，より優れているのはどっち？」というような問いだと勝手に捻じ曲げて考えてしまっていた可能性が高い。

　実際に，そういった「問いを勝手に解釈してしまう」ことによるミスは，けっこうたくさんあるんだ。まずはこの点を確認しておいてほしい。

　今回扱った文法項目である「助動詞」についても，ここで少し触れておくね。

　5文目，When I studied with a friend for a test the other day, I was able to work through the subjects I had difficulty with while complaining about them to my friend. 「先日，テスト勉強で友人と一緒に勉強した際も，苦手な科目を友人と愚痴りながら克服することができました」は，「（先日）できた」という"結果"を含意してるべき文脈なので，「克服することができました」では，"結果"にフォーカスする"was[were] able to"を使っているんだ。

"can" と "be able to" は「同じ意味」だと教わることが多いけれど，過去形で用いる際には，使い分けるべきときがある。

could は過去において「能力的にできた（し得えた）」という意味を持つのに対して，"was[were] able to" は，過去において「そのタイミングでできた（特定の場面での "結果" を含意する）」という意味を持つんだ。

また，最終文，This would not be possible if I were studying alone. 「これは，1人で勉強していたらできないことです」では，帰結節（主節）の **would** を上手く使えたかな。仮定法の話を思い出してね。

POINT
! 論理展開ポイント

> **語数を増やすメソッド⑥：抽象に踏みとどまる**

では次に進もう。今回取り上げたいポイントは【抽象に踏みとどまる】ということだ。

解答の英文と構成の一部をもう一度見てみよう。

【英文】

First, studying with others can help keep you motivated. It makes the process more enjoyable and less stressful. This enables you to continue studying without getting bored.

【構成】

2 理由① -1：まず，ほかの人と一緒に勉強することで，モチベーションを維持することができるからだ。

3 理由① -2（理由を説明する1）：（ほかの人と一緒に勉強することで，）勉強が楽しくなり，ストレスが軽減される。

理由①-3（理由を説明する2）：そのため，飽きることなく勉
強を続けることができる。

　[2]と[3]は，「ほかの人と一緒に勉強することでモチベーションが維持で
きる」ようになるプロセスを，「ほかの人と一緒に勉強する⇒勉強が楽しく
なってストレスが軽減される⇒飽きずに（モチベーションを下げずに）勉
強を続けることができる」と説明しているわけだね。

　その上で，「先日の勉強会」での話を述べて具体例を提示しているね。こ
のように，抽象的に理由を述べたあとすぐに具体例に突入するのではなく，
そこからもう少しだけ抽象の段階にとどまることができると，英文の“ボ
リューム”が確保できるだけでなく，英文そのものがとても伝わりやすく
なるんだ。

　そもそも抽象的に書くことが基本的に求められる「理由」のパートは，
その抽象性ゆえに，「伝わらない」ということが起こりやすい。相手に「ク
ドイくらいに説明する」という意識はその意味でもとても大切なんだ。

　ところが多くの学習者は，「理由を1文書いたらすぐに具体例」というよ
うな書き方がしみついてしまっていることが多い。授業などで答案作成の
様子を見ていると，理由を書き終わるか終わらないかくらいのタイミング
で，“For example ...”と食い気味（前のめり）に具体例を書き出している
ような場面に出会う。

　そうせずに，**ことばを尽くして理由を説明し，その上で満を持して具体
例に入るような感覚のほうが良い英文なる可能性が高いんだ。**

　では，どんな意識を持っていたら**【抽象に踏みとどまる】**ことができる
のだろう。大切なことは，常に自分に「どういうこと？　何が言いたいの？

どういう意味?」と問いかける意識を持つことだ。そうして「どういうことかというと……つまり私が言いたいのは……これはつまり～という意味で…」とことばを重ねていく。

　その問いかけをしてからようやく,「例えば? 具体的には?」と問いかける。"抽象"の段階で十分質問を浴びせてから"具体"への質問に移るということだ。そうはいってもイメージがしにくいね。

　下にフォームを用意したので,理由を考え付いたら下のフォームに当てはめて,3つの質問の1つにでも答えられたら,その内容を理由のあとに加えてみよう。そうして,まずは,「理由の1文＋もう1文」を目指してみてほしい。例えば次のように,

> 主張：制服を着ることに賛成
> 理由：「　　　　　　　　　　　　　　　　　　　　　」
> ⇒「それってどういうこと?」：
> ⇒「それって何が言いたいの?」：
> ⇒「それってどういう意味?」：

　こういった「問いかけ方」を意識してみよう。自由英作文を書く際には,常に目の前に説得したい相手がいるというイメージを持つことが大切だ。くれぐれも「自分にしかわからない」文にならないようにね。

　では,せっかくなので一つ考えてみようか。例えば先ほど出てきた**「制服を着ることに賛成か・反対か」**というテーマについて,**「制服を着ることに賛成」**と主張し,**「勉強に集中できるから」**という理由を述べたとしよう。その場合に,さっき挙げた3つの質問のどれか1つにでも答えられるかな?

主張：制服を着ることに賛成

理由：「生徒が勉強に集中できるから」

① 「それってどういうこと？」：勉強のことだけを考えられるということ

② 「それって何が言いたいの？」：私服を選ぶのは時間がかかるし考えるのが大変だって言いたい

③ 「それってどういう意味？」：制服があることで勉強以外のことに頭を悩ませなくていいという意味

　もちろん3つの全部にうまく答えられないこともあると思うけれど，こうして問いかける意識があると，英作文はグッとわかりやすくなるよ。

　実際に英文で見てみよう。

【抽象で踏みとどまらないパターン】

I agree with wearing uniforms. This is because students can concentrate on their studies. For example, ...
私は制服を着ることに賛成です。なぜなら生徒が勉強に集中することができるからです。例えば…

【抽象で踏みとどまるパターン】

① I agree with wearing uniforms. This is because students can concentrate on their studies. Uniforms enable them to think only about their studies. For example, ...
　私は制服を着ることに賛成です。なぜなら生徒が勉強に集中す

ることができるからです。制服を着ることで生徒は勉強のことだけを考えられるということです。例えば…

② I agree with wearing uniforms. This is because students can concentrate on their studies. Choosing casual clothes takes a lot of time and energy to think about. For example, ...

私は制服を着ることに賛成です。なぜなら生徒が勉強に集中することができるからです。私服を選ぶのは時間がかかるし考えるのが大変です。例えば…

③ I agree with wearing uniforms. This is because students can concentrate on their studies. Having uniforms means they don't have to worry about anything other than their studies. For example, ...

私は制服を着ることに賛成です。なぜなら生徒が勉強に集中することができるからです。制服があることで生徒は勉強以外のことに頭を悩ませなくていいのです。例えば…

　理由がグッと伝わりやすくなったのがわかるかな？ たった1文，同じような内容の1文なのに，こんなに変わってくるんだね。【抽象に踏みとどまる】の効果がわかってもらえただろうか。時には立ち止まることも大切なんだね。

問題2【解答例】の全訳

　私はグループで勉強するほうが好きです。まず，ほかの人と一緒に勉強することで，モチベーションを維持することができます。勉強が楽しくなり，ストレスが軽減されます。そのため，飽きることなく勉強を続けることができます。先日，テスト勉強で友人と一緒に勉強した際も，苦手な科目を友人と愚痴りながら克服することができました。このように，一人で勉強していたら避けてしまうような科目も，友人と一緒なら克服することができます。2つ目は，ほかの人の異なる視点や考え方から学ぶことができることです。勉強会の仲間は，自分が知らないことを教えてくれるので，より良い問題解決方法につながります。授業で友人と一緒にプレゼンの準備をすると，自分が考えもしなかった視点を持っていたり，自分とは違う視点を持っていたりすることがよくあります。こうした交流を通じて，より良いプレゼンができるのです。これは，一人で勉強していたらできないことです。

　今回は助動詞を押さえたあと，手紙・メール型の問題を確認し，さらに自分の体験・経験をうまく盛り込むべき問題にも取り組んでもらった。

　これで，本書で扱うすべての文法項目と，すべてのタイプの自由英作文問題が登場したことになる。これまでの授業を復習して，最終回に備えてね。

□ column　名「コラム欄」

□ publish　動「掲載する」

□ accept　動「認める」

□ quit　動「やめる」

□ stable　形「安定した」

□ pursue　動「追い求める」

□ opportunity　名「機会」

□ Yours sincerely　句「敬具（手紙の結び）」

□ passionate　形「情熱的な，〜に熱中した」

□ throughout　前「〜を通して」

□ happiness　名「幸せ」

□ public servant　名「公務員」

□ whereas　接「…だが一方〜」

□ enjoyable　形「愉快な」

□ perspective　名「視点，見方」

□ interaction　名「交流」

□ describe　動「説明する」

□ reply　名「返事」

□ prestigious　形「有名な」

□ career　名「キャリア，経歴」

□ civil servant　名「公務員」

□ miss　動「失う」

□ path　名「道」

□ process　名「過程」

□ avoid　動「避ける」

□ presentation　名「提出」

第**10**講
Study

意見論述問題④
〈抽象的なテーマ〉

まとめ

いよいよ最終回です。まずは，これまで学んだ文法事項のまとめとして，**誤文訂正問題**に取り組んでもらうよ。そして，ライティング最後の砦として，「**抽象的テーマ**」に関する意見論述問題にチャレンジしよう。

みんなへの最終試験のつもりで用意したから，ぜひ頑張ってね！

誤文訂正問題

英文中の①〜④の下線部から誤った英語表現を含む箇所を１つ選び，正しく書き直しなさい。

(1) ①There is a good restaurant ②in the lake. I ③found it when I was walking ④to the city.

(2) ①Although the new teacher is ②young, she is more ③experience ④than I.

(3) The show ①received poor ②ratings, ③however it was ④financially successful.

(4) ①The reason ②why he gave ③was not ④logical.

(5) ①His face is ②familiar. I ③might meet him ④somewhere before.

(6) We ①hope it ②has stopped raining ③by the time the game ④starts.

(7) ① Surrounding by ② towering bookshelves, she ③ felt like a tiny mouse ④ in the library.

(8) ① Many tourists ② from ③ foreign countries ④ visit to Tokyo.

(9) I ① would have ② helped him if I ③ had ④ time.

(10) Pato ① was suddenly ② spoken ③ by ④ an old man.

(1) ②　by / at / on など

　第3講で学んだ「前置詞」に関する問題だ。前置詞の持つイメージはもうつかめているかな。そのイメージを大切にしていれば，"湖の底に沈んだレストラン"はおかしいな，と気づけたはずだ。ここでは，by, at, on などさまざまな前置詞を使うことができる。状況にあわせて前置詞を使いこなせるようにしよう。

(2) ③　experienced

　第6講で学んだ「比較」に関する問題だ。比較のポイントは"**ふつうの文の延長線上で考えること**"だったね。

　"she is experience"という文では意味が通っていないことに気付けたかな。その上で，"**she is experienced**"の延長線上に比較の文を捉えることがポイントだ。

(3) ③　but

　第8講では「接続詞」を学んだね。「等位接続詞」と「従属接続詞」の違い，加えて，接続詞のような意味は持っているけれど品詞としては副詞である

言葉なども確認したね。

　今回登場している **however** は，接続詞と勘違いしやすい典型的な**副詞**だ。**等位接続詞**の but に書き換えよう。

(4) ②　which / that / why をとる

　第7講に登場したのは「関係詞」だった。「関係代名詞」も「関係副詞」も"形容詞のカタマリを作る"というのが基本の理解として重要だったね。

　その上で，ではなぜ「関係"代名詞"」や「関係"副詞"」と呼ばれるのかを「関係詞節内での働き」に着目しながら学んだのだった。先行詞をみて反射的に関係詞を判断するのではなく，**「後ろ向き」に考えるクセ**はついているかな。

(5) ③　might have met / must have met

　第9講で学んだ「助動詞」に関する問題だ。助動詞が英文の"かたち"に影響する働きのみではなく，**英文に付与するさまざまな意味を理解することがとても大切**なんだ。

　今回は〈助動詞＋ have ＋過去分詞〉を使うべき問題だ。このかたちが「現在から見ての過去について述べる（推量／判断）」を表すのだということは，さまざまな〈助動詞＋ have ＋過去分詞〉を使った文を統一的に理解する上で大切だ。覚えていたかな。

(6) ②　will have stopped

　第2講では「時制」を学んだ。**時制に関する間違いが，英文の意味を大きく左右してしまうエラーになり得る。**入試の自由英作文の採点基準は，「意味が伝わるか」を重視したものが多いよ。時制の間違いはそこに関わるものだからこそ，気をつけたいんだ。

　「完了形」や「"時・条件"を表す副詞節」に関する知識は押さえられていたかな。

(7) ①　Surrounded

　第4講では「準動詞」を扱った。「不定詞」「動名詞」「分詞」の違いを押さえつつ，この3つの共通点を理解することが重要だったね。

　今回は分詞に関する問題だけれど，分詞構文での「意味上の主語」が問われているという意識はできているかな。じゃあ，「不定詞」の意味上の主語に関するルールはどうなっていたかな？「動名詞」はどうかな？3つの準動詞の共通点と相違点を理解しておこう。

(8) ④　visit

　第1講で扱った「品詞と文型」に関する問題だ。5つの文型の基本的な意味や，文型の中心は動詞であるということを理解できているだろうか。「**自動詞」と「他動詞」の判断**も含めて確認しておこう。visit は？　そう「他動詞」だからね。

(9) ③　had had

　第5講では「仮定法」を学んだ。仮定法がどのような場面で使われるものなのか，ふつうの文にどういった「変化」が加えられたらよいのかなど理解はできているかな。

　今回は **if を使った仮定法**だね。「条件節」と「帰結節」の関係がどういっ

たものだったか覚えているかな。仮定法を使うことができれば，自由英作文の展開にぐんと幅が出るよ。

(10) ②　spoken to

　　第1講で「品詞と文型」のほかにもう1つ学んだ項目，「受動態」に関する問題だ。受動態のポイントはなんと言っても「目的語を主語にする」ことだったね。そのため，**受動態を作ることができるのは「他動詞」であるのが基本**だ。ただ，「自動詞」であっても，後続する前置詞まで含めて"動詞"と考えることで受動態の文を作ることができるんだったね。

　　さあ，各文法項目のポイントは押さえられたかな。**文法がわかることは英作文の大前提**だ。誤文訂正問題がちゃんと解ける人は，「自分で書いた英文の間違いに気づける」人だ。
　　文法問題を通じて「書く力」を養えることを，しっかりと意識してね。

STEP2 ライティング 語句整序問題

次は語句整序問題だ。新しい論理展開を吸収していこう。

日本語をヒントに与えられた語句を並べかえなさい。ただし，文頭にくる語も小文字にしてある。

(1) 学生はスマホとの付き合い方を学ぶべきです。

(how / should / students / with / to / their smartphones / learn / deal).

(2) 教育の目的のひとつは，学生に将来への備えをさせることです。

(of / one of / for / education / is / prepare / the purposes / students / to / the future).

(3) 社会人になれば，スマホを使うべきときとそうでないときの判断ができなければならないでしょう。

(we will / when we / able to / when to / judge / when not to / and / start working, / use our phones / have to be).

---

(1) Students should learn how to deal with their smartphones.

日本語を分析的に考えると，

学生は	学ぶべき	スマホとの付き合い方を
S	V	O

となるね。

この語順どおりに言葉を並べていけば，

第10講 意見論述問題④〈抽象的なテーマ〉

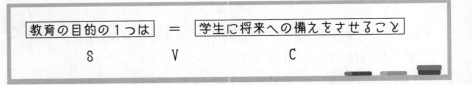

（学生は　　　学ぶべき　　スマホとの付き合い方を）
Students should learn how to deal with their smartphones.
　S　　　　　V　　　　　　　　　O

となることがわかるはずだ。

〈疑問詞＋ to 不定詞〉のかたちはちゃんと使えたかな。**deal with *A* 「A を扱う，A に取り組む」**も色々な場面で使える表現だ。

(2) One of the purposes of education is to prepare students for the future.

まずは日本語を確認だ。

（教育の目的の1つは）　＝　（学生に将来への備えをさせること）
　　S　　　　　　V　　　　　　C

このように考えれば，SVC の第2文型で書けることがわかる。「〜の1つ」は "**one of 〜**" で書けそうだ。「備えさせること」は「備える」という動作を名詞にしているのだから，動名詞か不定詞の出番だね。こうしてどう書くかのイメージを持ってから書くことは大切だよ。そうすると，

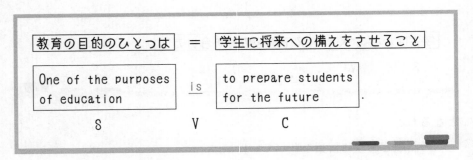

（教育の目的のひとつは）　＝　（学生に将来への備えをさせること）
One of the purposes of education is to prepare students for the future.
　S　　　　　　V　　　　C

と書ける。〈one of ＋複数形〉と複数形になる点は，忘れがちなので確認しよう。また **prepare O for A「A のために［A に備えて］O に準備をさせる」** という表現は，さまざまな場面で応用が利きそうだ。

　こうした表現はどんどん自分のものにしていこう。

(3) When we start working, we will have to be able to judge when to and when not to use our phones.

　いつもどおり日本語の確認からいこう。

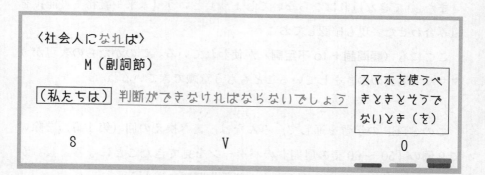

　こうした構造を自分で考えられるようになってきたかな。

　書きたいと考えていることの大まかな "かたち" をイメージできていることは，正しい英文を書く際の強力なサポートになる。

　今回の構造に基づけば，

〈社会人になれば〉
〈When we start working,〉
　　　M（副詞節）

［私たちは］ 判断ができなければならないでしょう　　スマホを使うべきときとそうでないとき（を）

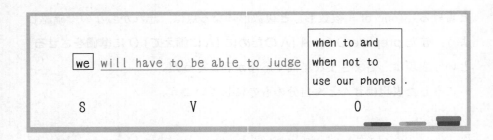

という語順で英文が作れることになる。「社会人になる」は "start working" で言えてしまうんだね。

　また,「できなければならないでしょう」という【未来＋義務＋可能】を組み合わせた表現も確認しておこう。

　ここにも〈疑問詞＋to 不定詞〉が使われている。このかたちの表現がカタマリで名詞の働きをしていることももう意識できているね。

　このSTEPの学習を通して,みんなは,書き換えの回（第4講）を除いて9個の「50～60語の展開」のパターンを見てきたことになる。しっかり活用してね。では,STEP 3の自由英作文問題に進もう。

STEP 3　自由英作文問題

ライティング

では，次のテーマで文章を書いてみよう。制限時間は【20分】，では，スタート！

問題 1

Why do you believe diversity will or will not be important to the future success of Japan? Write approximately 100 words in English.

〈浜松医科大学　2022年（改題）〉

「**多様性は日本の将来の成功のために重要か**」という問いだね。正直なところ，これに否定的立場で解答するのは相当骨が折れる。

自由英作文の出題の中には，こんなふうに「一方の立場のほうが圧倒的に書きやすいもの」が存在する。わざわざイバラの道を歩む必要もないので，**素直に書きやすいほうで書こう**(笑)。

「**多様性**」というテーマは，よく耳にはするものの，解答することが大変なものだね。今回のポイントは，こうした「**抽象的なテーマ**」にどのように取り組むかだ。

では，まずは**構成**を確認してみよう。

【解答】の構成

1 **主張**：私は，日本にとって多様性は重要だと考えている。

2 **理由①**：なぜなら，多様性は異なる考えや文化を持つ人たちが集まるということを意味するからだ。

---

3 具体①（日本にとっての重要さを述べる）：さまざまなバックグラウンドを持つ人々が，新しい革新的なアイデアを持ち寄ることで，日本企業は世界でより成功することができる。

4 理由②：また，多様性によって，社会をだれもが住みやすい場所にすることができる。

5 具体② -1：日本は高齢化が進み，人口が少なくなっているため，より多くの人が必要だ。

6 具体② -2：したがって，さまざまなバックグラウンドを持つ人に来てもらい，日本で生活してもらうことが重要だ。

7 具体③ （異なる視点からの例）：そうすることはまた，社会をさまざまなバックグラウンドを持つ人に優しいものにするし，日本を観光客や外国人投資家にとって魅力的にもするはずだ。

本問は，「多様性の大切さ」という一般的な問いを出題しているのではなく，「日本の将来の成功にとって」という条件が付いているため，具体化をする部分では，「どのように日本の将来の成功に多様性が寄与するのか」を述べていく必要がある。

今回の**具体例**で登場している，日本にとってのメリットは

① 多様な人材が集まることによる日本企業の発展
② 多様性のある社会であることによる，人口増加及び観光客や投資家にとっての魅力向上

だね。これらはそれぞれ①「多様性はイノベーションの源泉である」，②「多様性は寛容さを生む」といった発想に基づいている。今回はこうした発想についてポイントで取り上げよう。

! 論理展開ポイント

　本問のテーマのように，**"抽象的な内容"** を問う出題の場合，その概念やことばの意味と真っ向から向き合う必要が出てくる。その際に必要になるのが【**定義する・意義を述べる**】ことだ。

　今回であれば，前述のとおり，「多様性とは…」と，その意味（定義）やそれが存在することの意義を述べることで，多様性の重要性を主張することができているね。同様に，定義や意義を述べることで「なぜ"それ"が重要か」や「なぜ"それ"が必要か」など，理由を述べやすくなる。

　ただ，こうした展開方法の難しさは，何よりもそうした「**定義・意義**」**を述べることそのものの難しさ**にある。

　「教育っていうのは，つまり……」，「自由というのは，つまり……」などの内容は，ちょっと"大人の視点"を求めるものなので，思いつきにくいのも無理はないところがある。

　ただ，例えば「多様性は日本の将来の成功のために重要か」のようなテーマそのものが，すでにとても"大人"なのだから，こうした問題に取り組もうとするならば，視点のバージョンアップは避けて通れないものだと覚悟を決めよう。

　いくつか例をあげておくので参考にしてね。

● 言語

<u>Language</u> is what enables cooperation, learning, and the sharing of cultural knowledge across generations.
「言語は，協力や学習，世代を超えた文化的知識の共有を可能にするものだ」

● コミュニケーション

<u>Communication</u> fosters empathy, bridging the gap between different perspectives and promoting harmonious human interaction.
「コミュニケーションは共感を育み，異なる視点のギャップを埋め，協調的な人間関係を促進する」

● 自由

<u>Freedom</u> is the capacity to pursue one's own destiny.
「自由とは，自らの運命を追求する能力のことである」

● 教育

<u>Education</u> is the foundation for progress and the key to unlocking human potential.
「教育は進歩の土台であり，人間の潜在能力を解き放つ鍵である」

● 文化

<u>Culture</u> is what shapes our perception and understanding of the world and provides a sense of identity and belonging.
「文化とは，私たちの世界に対する私たちの認識や理解を形成し，アイデンティティや帰属意識をもたらすものだ」

●幸せ

<u>Happiness</u> is another name for the ability to find
meaning, purpose, and value in life.
「幸せとは，人生の意味や目的，価値を見出す能力の異名である」

●多様性

<u>Diversity</u> means possibility.
「多様性は可能性を意味する」

こういった言葉にはハッとするような気付きが含まれていることもあっ
て，読んでいて面白いと思う人もいるのではないかな。なんか，かっこい
いよね (笑)。

また，こうした内容は，リーディングのテーマとしても選ばれやすいんだ。
「読む」ことと「書く」ことはつながっている。

いい表現だなぁと思いながら英文を読むことは，ライティングにも良い
影響を与えるよ。

では，先ほどの**構成**をもとに英文を書いてみよう。

問題 1 【解答例】

I believe diversity is important for Japan. This is because it means
bringing different people with different ideas and cultures together.
This can help Japanese companies to be more successful in the
world as people from many different backgrounds bring new and
innovative ideas. Also, diversity can make society a better place for
everyone to live. Japan needs more people because its population is

getting older and smaller. Therefore, it's important to get people from different backgrounds to come and live in Japan. This can also make society more friendly to people from different backgrounds and make Japan more attractive to tourists and foreign investors. (105 words)

〔日本語訳〕

　私は，日本にとって多様性は重要だと考えています。なぜなら，多様性は異なる考えや文化を持つ人たちが集まるということを意味するからです。さまざまなバックグラウンドを持つ人々が，新しい革新的なアイデアを持ち寄ることで，日本企業は世界でより成功することができます。また，多様性によって，社会をだれもが住みやすい場所にすることができます。日本は高齢化が進み，人口が少なくなっているので，より多くの人が必要です。したがって，さまざまなバックグラウンドを持つ人に来てもらい，日本で生活してもらうことが重要です。そうすることはまた，社会をさまざまなバックグラウンドを持つ人に優しいものにするし，日本を観光客や外国人投資家にとって魅力的にもするはずです。

　みんなは「テストのために」勉強をしているし，今もそのためにライティングを学んでいる。でも，同時に，**その過程で出会うさまざまなことや考えたことが，みんなに新しい視点を提供し，人生を豊かにすることにもつながっていくんだよ。**

　色々なものを読み，書き，考えてみてね。さぁ，最後の問題に臨もう。

問題2

Research shows that the dependence on technologies such as smartphones, computers, the Internet, and AIs is making humans less intelligent. Write an essay to agree or disagree with the research by using your own experience(s) as reason(s). (About 150 words)

〈小樽商科大学　2017年（改題）〉

　構成をする際に，これまで学んだ展開を少しでも意識することができたかな。

！ 論理展開ポイント

　今回はラストなので，どういった構成で書かれているか，大切なことは何かなど，1つずつ展開を確認していってみよう。

1 主張する：私は，テクノロジーに依存することで人の知能が低下するという研究に反対だ。

> I disagree with the research that says depending on technology makes people less intelligent.

　まずはしっかりと主張を述べられたかな。問われているテーマを理解することはもちろん，**「賛否型」**なのか，それとも**「何らかの意見が求められているのか」**を確認することを忘れずにね。

2 理由①：テクノロジーは，私たちが情報を見つけ，新しいことを学ぶのに役立つ。

> Technology helps us find information and learn new things.

主張を述べたら理由を書こう。理由は「抽象的」に書くことが重要だ。抽象的に書くためには，主語や時制，さらには名詞の使い方なんかまで意識できるといいのだったね。この文であれば，「I」などではなく"Technology"を主語にしている点や，"helps"と現在形を用い，一般論や性質を述べる文にできている点，"new things"のように幅広い対象をもった名詞を使えている点などが，この英文を良い理由の書き方にしているね。

3 **具体①**：例えば，私は子どもの貧困に関するレポートを書く際に，テクノロジーを使って非営利団体からの貴重な情報にアクセスすることができ，それはこの問題についてのより深い理解を得るのに役立った。

> For example, by using technology, I was able to access valuable information from a non-profit organization while writing a report on child poverty, which helped me gain a deeper understanding of the issue.

　理由を述べたら**具体化**する。こうして詳しく説明してあることを"developed"と表現し，さらに十分に説明が展開されていることを"fully developed"と呼んだりして，良い英文の書き方であると評価するんだ。

　これまでの授業を通じて，いかに"fully developed"な英文を書くかを学んでもらってきたわけだけれど，みんなは今回どう具体化したかな。

　この【**解答例**】では，問いの指示どおり，「自己の経験」を用いて具体化しているね。理由で述べた"find information"の具体化として「非営利団体からの情報を見つけられた」こと，"learn new things"の具体化として「問題について（子どもの貧困について）深い理解ができた」ことがそれぞれ書かれている。

　「できた」の表現として**"was able to"**が使えている点，また**"..., which helped me ..."**と関係詞の非制限用法で説明を加えられている点

にも注目してほしい。学んだこと盛りだくさんだね。

4 理由②-1：さらに，テクノロジーは私たちをつないでくれる。

> Additionally, technology keeps us connected.

次の理由に進んでいるね。理由は多ければ多いほどいいというものではなく，**語数と相談しながら，展開することができる理由の個数を考える必要がある**んだったね。150語程度であれば，理由の数は多くても3つくらいかな。

とはいえ，**「理由を増やす」**というのは，長い英文を書く際のもっともシンプルな方法だったね。よい理由がたくさん思いつくようであれば，いい方法であることは間違いない。ただ，"I have three reasons." と書いてから理由を無理矢理考えるような，「理由の個数」を先行させた考え方はしないようにね。

この理由も「抽象的に」書かれている点にも注目してほしい。今回のこの文の文型は？　そう「第5文型」だね。文型，わかるようになったかな。

5 理由②-2：テクノロジーは，私たちがほかの人とコミュニケーションをとり，プロジェクトで協力することを可能にする。

> It allows us to communicate with others and collaborate on projects.

前の文から連動するかたちで，さらに理由を詳しく述べているね。**「抽象に踏みとどまる」**ことで理由がより伝わりやすくなっているわけだ。

前の文の主語である "technology" を，代名詞を用いて **"It allows us ..."** と書いている点にも注目しよう。

英文が，代名詞などの使用により「連動している」ことが示されていくことは，とても大切なことだ。また，「主張1文，理由1文，具体例1文」というような“慌ただしい”英文の書き方を脱却することはできるようになったかな。言葉を尽くして自分の言いたいことを読み手に伝えようとする姿勢を忘れないようにね。

6 **具体②**：例えば，スマートフォンは，私が，友人や家族と連絡を取り合い，一緒にプロジェクトに取り組み，物事を把握することをより容易にしてくれる。

> Smartphones, for instance, make it much easier for me to stay in touch with friends and family, work on projects together, and keep track of things.

　具体化ができているね。具体化ということを，"for example / for instance" を付けることだと考えてしまうような人は，もうここにはいないよね（笑）。

　「抽象的」であることが，「より広い範囲に当てはまる表現を用いること」なのだから，「具体的」とは「より狭い範囲に当てはまる表現を用いること」なわけだ。主語の設定や時制，はたまた if 節などによる“条件”の付与など「限られた範囲のことを述べる」ための方法はさまざまあるね。みんなが書いた「具体」はちゃんと“具体的”になっているかな。

7 **理由と例を主張につなぐ**：その結果，新たな気づきや知性の向上につながり得る。

> This can lead to new insights and increased intelligence.

　この1文は，ここまで述べた「理由と具体」を「主張」とつなぐ働きを

している。つまり「だから intelligent になるんです」と伝えることで「less intelligent になるという見解に反対」なのだ，と示しているわけだ。

こうした１文があることで，「察してもらう」ような書き方ではなくなるね。またこの１文によって伝わりやすさが向上し，説得力が増すだけでなく，うっかり論理が"脱線"してしまうことを防ぐ効果も期待できるんだ。

この役割をもった文を入れる意識は，持っておいて損はないよ。

8 **反論→再反論**：もちろん，テクノロジーを過剰に使ってしまうことはあり得るが，何事も依存し過ぎると害になるのだ。

> Of course, it is possible to use technology excessively, but anything can be harmful if we depend on it too much.

この前の文までで100語くらいだね。１センテンス10〜15語の目安からすると，「15 × 7 = 105」なので，ドンピシャくらいというところだ。

さぁ，みんなはここから何を書き，「100語より長い文」を書いたのかな。理由を増やした？ 異なるレベルの具体例を挙げた？ うんうん，どれも素晴らしい展開だね。そういった"選択肢"がみんなの中に増えて，どう書こうかな，と考えられるようになったことが素晴らしいことだよ。

さて，今回は「反論→再反論」の展開を使ってみたよ。「less intelligent になる！」という立場から出てくる可能性がある「依存しすぎると less intelligent になる」に言及しているわけだね。頼りすぎたり，"そればっかり"になってしまったりすることによって思考停止状態になったり，バランスよく物事を考えられなくなったり，視野が狭くなったり……確かに less intelligent になりそうだものね。

ただ，これに**再反論**しなければ自分の主張が"負け"てしまうのだったね。僕と同じ展開方法を選んだ人，逆接の表現などを使って"反撃"したかな。

今回の再反論は「どんなものだって依存しすぎたらダメでしょ（だから

第10講　意見論述問題④〈抽象的なテーマ〉

technology だけを悪者にできないでしょ）」というものだ。technology を"諸悪の根源"のように扱う主張に「なんでも"過ぎたるは猶及ばざるが如し"なのだから technology が人間を less intelligent にするとは言えない」と言っているわけだね。

　ゲームが悪い，ネットが悪い，マンガが悪い……世の中はこういった「わかりやすいワルモノがいる単純な世界」が大好きだ。そのほうが"簡単"だからね。でも，そういう姿勢のほうがよっぽど less intelligent だよってことだ。

---

9 **再反論の具体化**：本に頼りすぎることですら，現実の世界を見ようとしないのであれば，知能を低下させることになり得る。

> Even excessive dependence on books can make us less intelligent
> if that means refusing to see the real world.

　前の文で述べた再反論にさらに説明を足して伝わりやすくしよう。人を intelligent にしてくれる（と多くの人が納得できる）「本」を例に挙げ，「その本ですら，依存しすぎて現実を見なくなれば，人を less intelligent にするんだぞ」と言っているわけだね。

　再反論がしっかり補強された感じがするはずだ。ここでも**「1文で終えない」**感覚はとても大切だ。

　前の文の "if we depend on it too much" の部分を "excessive dependence on (books)" というかたちで「名詞」で表現している点に気づいたかな？要約する際に「書き写さない」ように学んだ「書き換え」の力は，こういうところでも役に立つわけだね。

10 **まとめ**：したがって，適切に使えば，テクノロジーは人の知性を高める
ことができる。

> Therefore, if used appropriately, technology can enhance one's
> intelligence.

最後に主張をもう一度述べているね。単純に1文目の主張を繰り返すの
ではなく，ちゃんと表現を変えて書いてあるよ。

ここまで書ききれれば150語到達だ。100語の段階から加えたセンテン
スの数は3つだ。100語と150語の差は3〜4センテンスなのだったね。
そう考えてみると，「たった3〜4文を加えるだけ」なのにずいぶんとたく
さんのことを学ばなくてはいけなかったわけだ。でも，その「壁」を乗り
越えるのが大変なことも確かだ。

そう，みんなは，思っているよりも高い壁を乗り越えてきたんだ。「とに
かくなんかテキトーに語数を稼ぐ」というような英文の書き方にはもう戻
れないね。これで完成だ。よくできました。

問題2【解答例】

I disagree with the research that says depending on technology
makes people less intelligent. Technology helps us find information
and learn new things. For example, by using technology, I was able
to access valuable information from a non-profit organization while
writing a report on child poverty, which helped me gain a deeper
understanding of the issue. Additionally, technology keeps us
connected. It allows us to communicate with others and collaborate
on projects. Smartphones, for instance, make it much easier for me
to stay in touch with friends and family, work on projects together,
and keep track of things. This can lead to new insights and

increased intelligence. Of course, it is possible to use technology excessively, but anything can be harmful if we depend on it too much. Even excessive dependence on books can make us less intelligent if that means refusing to see the real world. Therefore, if used appropriately, technology can enhance one's intelligence. (156 words)

〔日本語訳〕

　私は，テクノロジーに依存することで人の知能が低下するという研究に反対です。テクノロジーは，私たちが情報を見つけ，新しいことを学ぶのに役立ちます。例えば，私は子どもの貧困に関するレポートを書く際に，テクノロジーを使って非営利団体からの貴重な情報にアクセスすることができ，そうしたことは，この問題についてのより深い理解を得るのに役立ちました。さらに，テクノロジーは私たちをつないでくれます。テクノロジーは，私たちがほかの人とコミュニケーションをとり，プロジェクトで協力することを可能にします。例えば，スマートフォンは，私が，友人や家族と連絡を取り合い，一緒にプロジェクトに取り組み，物事を把握することをより容易にしてくれます。その結果，新たな気づきや知性の向上につながり得るのです。もちろん，テクノロジーを過剰に使ってしまうことはあり得ますが，何事も依存し過ぎると害になるものです。本に頼りすぎることですら，現実の世界を見ようとしないのであれば，知能を低下させることになり得ます。ですから，適切に使えば，テクノロジーは人の知性を高めることができるのです。

重要語句チェック

- □ diversity 名「多様性」
- □ generation 名「世代」
- □ empathy 名「共感」
- □ perspective 名「視点」
- □ harmonious 形「協調的な」
- □ pursue 動「追求する」
- □ foundation 名「土台」
- □ unlock 動「解放する」
- □ background 名「背景」
- □ attractive 形「魅力的な」
- □ intelligent 形「知能の高い」
- □ poverty 名「貧困」
- □ harmful 形「有害な」
- □ enhance 動「高める」

- □ approximately 副「およそ, 約」
- □ foster 動「育む」
- □ bridge 動「みぞを埋める」
- □ promote 動「促進する」
- □ interaction 名「相互作用」
- □ destiny 名「運命」
- □ progress 名「進歩」
- □ perception 名「認識」
- □ innovative 形「革新的な」
- □ investor 名「投資家」
- □ valuable 形「貴重な」
- □ collaborate 動「共同で行う」
- □ excessive 形「過度の」

第10講　意見論述問題④〈抽象的なテーマ〉

*　　　　*　　　　*

　さあ, これで授業終了です。前よりも, 「100 語程度」が, 「150 語程度」が, そして「200 語程度」が, 怖くなくなったんじゃないかな。

　今のみんなは, 自由英作文の問いを前にして, 「さぁ, どう書こうかな…」とか「何を書いてやろうかな…」みたいに, "自信をもって立ち向かう" 姿勢がとれるようになっていると思う。それはみんなが「ちゃんと理解したから」だ。だれだって, "なんだかよくわからないもの" は怖いんだ。でも, 知ってしまえば, わかってしまえば, 理解してしまえば, なんてことはない。

もちろん，「知る」ために踏み出す一歩は勇気がいるものだ。でも，**その一歩がこの違いを生む**。みんなが今学んでいる「ことば」というものは，その"一歩"を支える強力な道具なんだよ。

　人はことばで思考する。だから，これからも多くのことばを「読み，聞き，書き，話す」ことで，思考を磨き上げていってほしい。そうして"答え"のないものに常に"問い"かけ，未知を既知にするための一歩を踏み出し続けてほしい。

　いたずらに恐れることなく，立ち向かっていこう。おつかれさまでした！

守屋 佑真　*Yuma MORIYA*

河合塾講師

　1981 年生まれ。河合塾講師。難関国公立・難関私大などトップ層から高 1 生の講座まで幅広く担当し，民間英語資格試験の指導にも精通した人気講師。

　河合塾マナビスでは共通テストリスニング対策講座や私大英語対策講座に加え，GTEC，英検，TEAP 対策講座など多数担当。高校 2 年時に米国 Moses Brown School に 1 年間留学。早稲田大学法学部卒。英検 1 級。TOEIC 対策関連書籍を複数監修。児童英語指導員。保育士（当時きりん組さん担当）。玉川大学英語研修講師として小中学校教員に向けた研修，及び幼稚園英語教育プログラムのカリキュラム開発・研修を行う。スマイルゼミ講師。スタディサプリ ENGLISH for KIDS 設計・監修。全年齢を対象とした英語教育に関わり，英語教育全体を一筆書きに考察することを目指している。Twitter(@yumamoriya)ではそうした情報とともに，お酒や料理の話など全然関係ないことも発信している。

　著書に『登木健司・守屋佑真 英語内容一致問題講義の実況中継』，『中学入試英語授業の実況中継』（以上，語学春秋社），『CD 付 イラストで直感的にわかる 小学英語ワークブック 小学生のうちから学んでおきたい英文法が身につく』，『GTEC 2 週間でスピーキング・ライティングの力が面白いほど身につく本 Type-Advanced / Type-Basic』（以上，KADOKAWA）がある。

〈英文校閲〉
　ニール・デマル（一般財団法人 英語教育協議会）

これならわかる ライティング授業の実況中継

2023 年 10 月 1 日　初版発行
著　者　守屋 佑真
発行人　井村 敦
編集人　奥田 勝彦
発　行　(株)語学春秋社
　　　　東京都新宿区新宿 1-10-3
　　　　TEL 03-5315-4210
本文・カバーデザイン　(株)アイム
本文イラスト　守屋 佑真
印刷・製本　壮光舎印刷

6段階 英語4技能時代に対応!!

マルチレベル・リスニング&スピーキング

ドリルと並行して,CDの音声をくり返し聞き,ネイティブの発音やイントネーションに慣れていきましょう。ドリルを続けるうちに,"音と意味を結びつける力",また"自分の考えを英語でアウトプットする力"が身に付いてくるのを実感できるはずです。継続は力なり。ガンバリましょう!

著者:**石井雅勇**（代官山MEDICAL学院長）

小・中学生から大学受験生までトータルに学習できる、リスニング&スピーキング教材の革命です!

(1) あなたにぴったりのコースが用意されています。

(2) ひとりでどんどんレベルアップできる,詳しい解説付き。

(3) 各コースに全20回の豊富なドリルを用意しています。

(4) 「リスニング」は，開成高校・灘高校・桜蔭高校などのトップ進学校をはじめ,全国の進学校で使われてきました。

(5) 「スピーキング」は，音読の練習から意見の発表まで，バラエティに富んだ内容です。

(6) 英検・TOEIC®テストなどにも完成度の高い準備ができます。

6段階 マルチレベル・リスニングシリーズ

※レベル分けは，一応の目安とお考えください。

小学上級〜中1レベル
❶ グリーンコース
CD1枚付／900円＋税

日常生活の簡単な会話表現を，イラストなどを見ながら聞き取る練習をします。

中2〜中3レベル
❷ オレンジコース
CD1枚付／900円＋税

時刻の聞き取り・ホテルや店頭での会話・間違いやすい音の識別などの練習をします。

高1〜高2レベル
❸ ブルーコース
CD1枚付／900円＋税

インタビュー・TVコマーシャルなどの聞き取りで，ナチュラルスピードに慣れる訓練を行います。

共通テスト〜中堅大学レベル
❹ ブラウンコース
CD1枚付／900円＋税

様々な対話内容・天気予報・地図の位置関係などの聞き取りトレーニングです。

難関国公私大レベル
❺ レッドコース
CD1枚付／900円＋税

英問英答・パッセージ・図表・数字などの様々な聞き取りトレーニングをします。

最難関大学レベル
❻ スーパーレッドコース
CD2枚付／1,100円＋税

専門性の高いテーマの講義やラジオ番組などを聞いて，内容をつかみ取る力を養います。

全コース共通
リスニング・ハンドブック
CD1枚付／900円＋税

リスニングの「基本ルール」から正確な聞き取りのコツの指導まで，全コース対応型のハンドブックです。

6段階 マルチレベル・スピーキング シリーズ

※レベル分けは，一応の目安とお考えください。

小学上級〜中1レベル
❶ グリーンコース
CD1枚付／1,000円＋税

自己紹介やあいさつの音読練習から始まり，イラスト内容の描写，簡単な日常表現の演習，さらには自分自身の考えや気持ちを述べるトレーニングを行います。

中2〜中3レベル
❷ オレンジコース
CD1枚付／1,000円＋税

過去・未来の表現演習から始まり，イラスト内容の描写，日常表現の演習，さらには自分自身の気持ちや意見を英語で述べるトレーニングを行います。

高校初級レベル
❸ ブルーコース
CD1枚付／1,000円＋税

ニューストピック・時事的な話題などの音読練習をはじめ，電話の応対・道案内の日常会話，公園の風景の写真説明，さらにはインターネット・SNSなどについてのスピーチトレーニングを行います。

高校中級レベル
❹ ブラウンコース
CD1枚付／1,000円＋税

テレフォンメッセージ・授業前のコメントなどの音読練習をはじめ，余暇の過ごし方・ショッピングでの日常会話，スポーツの場面の写真説明，さらに自分のスケジュールなどについてのスピーチトレーニングを行います。

高校上級〜中堅大レベル
❺ レッドコース
CD2枚付／1,200円＋税

交通ニュースや数字などのシャドーイングをはじめ，写真・グラフの説明，4コマまんがの描写，電話での照会への応対及び解決策の提示，さらには自分の意見を論理的に述べるスピーチのトレーニングを行います。

難関大学レベル
❻ スーパーレッドコース
CD2枚付／1,200円＋税

様々な記事や環境問題に関する記事のシャドーイングをはじめ，講義の要旨を述べる問題，写真・グラフの説明，製造工程の説明，さらには1分程度で自分の意見を述べるスピーチのトレーニングを行います。

全コース共通
スピーキング・ハンドブック
CD3枚付／1,600円＋税

発音やイントネーションをはじめ，スピーキング力の向上に必要な知識と情報が満載の全コース対応型ハンドブックです。